THE STRATEGIST

Become the Leader
Your Business Needs

超级战略家

创造竞争优势的终极法则

[美] 辛西娅·A. 蒙哥马利 ◎著
（Cynthia A. Montgomery）

鲍婕 论璐璐 ◎译

机械工业出版社
CHINA MACHINE PRESS

北京市版权局著作权合同登记　图字 01-2022-6973 号。

图书在版编目（CIP）数据

超级战略家：创造竞争优势的终极法则 /（美）辛西娅·A. 蒙哥马利（Cynthia A.
Montgomery）著；鲍婕，论璐璐译 . —北京：机械工业出版社，2023.10
书名原文：The Strategist: Become the Leader Your Business Needs
ISBN 978-7-111-74104-6

I. ①超⋯　II. ①辛⋯ ②鲍⋯ ③论⋯　III. ①企业战略　IV. ① F272.1

中国国家版本馆 CIP 数据核字（2023）第 221434 号

机械工业出版社（北京市百万庄大街 22 号　邮政编码 100037）
策划编辑：白　婕　　　　　　　责任编辑：白　婕　林晨星
责任校对：薄萌钰　牟丽英　韩雪清　责任印制：刘　媛
涿州市京南印刷厂印刷
2024 年 1 月第 1 版第 1 次印刷
170mm×230mm·12.75 印张·1 插页·137 千字
标准书号：ISBN 978-7-111-74104-6
定价：79.00 元

电话服务　　　　　　　　　网络服务
客服电话：010-88361066　　机 工 官 网：www.cmpbook.com
　　　　　010-88379833　　机 工 官 博：weibo.com/cmp1952
　　　　　010-68326294　　金 书 网：www.golden-book.com
封底无防伪标均为盗版　　　机工教育服务网：www.cmpedu.com

谨以此书献给
安妮可、玛西娅和尼尔斯
愿你们找到
属于自己的位置，活出精彩

也将此书献给
我永远爱着的比约恩

最后，我们需要记住，
不改变现状，就无法成为理想中的自己。

——马克斯·德·普雷（Max De Pree）
赫曼·米勒公司（Herman Miller）首席执行官
《领导力是一门艺术》（*Leadership Is an Art*）

答疑时间的收获

通过阅读本书，你将有机会完善自己对企业战略的认识。本书不会将你此前所学全盘推翻，而是会将这一概念补充完整。

"企业战略"几乎被世界上所有的商学院设为基本课程。过去 30 多年中，我有幸一直讲授相关课程，起初是在密歇根大学，之后是在西北大学凯洛格商学院。近 20 多年，我在哈佛商学院任教。

在此期间，我的教学重心从 MBA 教学逐渐转移到了高管教学。正是后面这段经历，尤其是执教"创业者–企业主–董事长"（EOP⊖）培训项目的 5 年时间，让我萌生了撰写此书的想法。[1] 来自不同国家的项目学员行业背景迥异，实际工作中面临着各种不同的企业战略问题。在与他们的密切互动中，我的授课方式逐渐改变，我对企业战略的看法也从根本上发生了改变。我开始质疑企业战略的基本要义，甚至怀疑围绕这一概念生发而出的文化和思维方式。更重要的是，执教 EOP 培训项目迫使我去思考，对大多数企业而

⊖ EOP 为 entrepreneur，owner，president 三个单词的首字母缩写，分别指"创业者""企业主""董事长"。——译者注

言，企业战略究竟是如何制定出来的，又是由谁制定的。

这一切让我意识到，改变已迫在眉睫。我们应当换个角度思考，不应再以拟规画圆、条分缕析的方式制定企业战略，而应让这一过程变得深刻且有意义，让企业领导者真正从中受益。[2]

通往此处的路

50 年前，多数商学院都仅将"企业战略"作为综合管理课程的一部分。无论是在学术界还是在企业界，人们普遍认为战略制定是董事长最重要的职责，董事长对明确企业发展方向和落实发展过程负有首要责任。也就是说，董事长既是思考者，也是执行者，既要制订计划，也要执行落实。

当时的企业战略概念有相当的深度，但不够严谨。管理者试着使用万能的 SWOT 模型（维度：优势、劣势、机会和威胁）来评估业务，确定市场定位，但没人清楚如何才能制定出理想的企业战略。由于缺乏辅助判断的工具，管理者只能使用列表的方式，把需要考虑的因素一一列出。

20 世纪 80 年代和 90 年代，我的同事迈克尔·波特（Michael Porter）在这一领域取得了分水岭式的研究突破。他为企业战略的基础概念提供了经济学理论支撑和实证证据，加强了对机会和威胁的分析，提出了一种更为复杂的评估企业竞争环境的方法。他的研究成果引发了企业战略领域实践和教学的双重革命。特别值得一提的是，在他的影响下，管理者逐渐了解了行业力量对企业成功的深远影响，并开始学着利用相关信息对企业进行有利定位。

在接下来的几十年中，企业战略这一概念不断发展，研究工具逐步完善，并催生出一个全新的领域。战略制定这一领域几乎成了专家学者的天下，大批的 MBA 学生和战略顾问以理论框架、技法和数据作为武装，急切地帮助管理者进行行业分析，为企业定位战略优势。坦而言之，在当时的学术环境中，专家学者确有许多成果值得分享，我自己同期的教学实践和学术研究成果也印证了这一点。甚至可以说，我此后一直从事的教学活动，就是企业战略这一"新兴"概念的生动体现。

然而，随着时间的不断推移，这一原本积极的概念导致了很多始料未及的后果。最显著的问题是，人们重视战略制定而忽视战略执行，重视初始阶段的分析而忽视贯穿始终的坚持。此外，战略的制定和管理本应是领导者一人之责，但其权限却常常遭到蚕食。过去 30 年中，关于企业战略的新书不计其数，但几乎没有一本提及"战略家"这一概念，遑论探讨扮演这一关键角色所需的素养了。

这一转变发生几年之后，我才得以窥其全貌。化用莎士比亚戏剧中的经典台词，"我们是开炮的，反而被炮轰了"，战略制定本应是企业高层人士的工作，我们却将其降级为专家的职责。为了追求新的理想状态，我们忽视了原有的价值观，丢弃了丰富的价值判断标准、始终如一的目标和坚守发展目标的决心。初衷虽好，我们却将企业战略这一概念逼入墙角，将其变成了只使用左脑的分析游戏。在此过程中，我们丢掉了企业战略的生命力，忽略了企业战略与企业日常运营之间的联系，也忽略了制定战略所需要的领导者素养。

执教 EOP 培训项目让我深刻领悟到了这一道理。

刚开始与项目团队合作时，我采用了与其他高管培训项目类似的课程安排。通过课堂讨论和学员展示，我们探讨了企业战略固有的原则、框架，并进行案例分析，生动地阐释了企业战略的概念及其内在矛盾。这一做法一直延续至今，我们从中收获良多。

在课程间隙，这些成功的高管和企业主学员前来问我是否可以在办公室里约见他们，讨论其企业所面临的各种问题。我们的讨论往往是在休息时间进行的，有时甚至持续到深夜。大多数讨论都始于常规话题，如学员所处行业的现状，其企业的优势与劣势，以及他们为了建立或巩固竞争优势所做的努力等。有些讨论无须过度深入，对课上内容进行深入挖掘并付诸应用往往就足以解决问题。

但很多情况下，我们的讨论会转向另一个维度。除了常见问题，我们还会讨论：如果全面彻底地分析后，前路依然迷茫怎么办？对于已经建立的竞争优势，何时该选择放弃，何时又该坚持到底？如何进行行业革新，确立新的目标，提供新的阐释？我们所讨论的企业都拥有傲人的业绩，其中一家初创企业仅经过 9 年发展便达到营收 20 亿美元，但几乎没有一家企业拥有被企业战略"教科书"奉为圭臬的持续竞争优势。

我与这些管理者的师生之缘通常有 3 年之久，他们为我讲述了很多故事背后的故事，这些背后的故事让我逐渐意识到企业战略并非一成不变，也并非可以一次性确定。企业战略是价值的创造体系，体现了企业的竞争定位和独特性，应当是开放的而非封闭的，应当是不断进化、发展、改变的。

在这些深夜讨论中，我还有更多的发现。在学员身上，我看到了战略思维，看到了人性，看到了领导风范。我看到了高管负重前行，努力解决问题；看到了巨大的投入和一旦失败将要付出的代价；看到了他们全心全意、干劲十足；也看到了他们内心隐秘的担忧——"我做得够好吗？对企业来讲，我是一名合格的领导者吗？"。

最重要的是，我从讨论中看到了这些领导者所拥有的无限潜能，看到了他们可能对企业发展产生的深远影响。在交谈中，我们都意识到，企业若想脱颖而出、推陈出新，就需要领导者率先改变。

新的领悟

在我们的一生中，有些经历会给我们带来变革性影响，让我们从惯性思维中抽离出来，以新的角度看待问题。对我来说，EOP 培训项目的教学经历便是如此。这段经历改变了我在企业战略方面的一些核心观点，也让我得以从全新的角度看待战略家及其力量和责任。

接下来，我将与你分享我的思考。我希望你能够对"什么是企业战略？""企业战略为何重要？""如何制定战略？"等问题获得新的理解。我也希望你能够意识到，作为领导者，除了听取高级咨询顾问的分析意见、遵循各类行为指南的劝勉，你还必须明于判断、恒于坚持、勇于担当。

这就是你所承担的责任，而本书就是从个人角度出发对你的鞭策。几十年来，战略制定过程中的一个重要因素一直为人所忽略，本书则着重强调了这个重要因素——你，作为领导者的你，必须直面核心问题的你。

简而言之，我的最终目的并非"传授企业战略"，而是帮助、鼓励你成为一名战略家、一位领导者，让你能够在管理生涯中对企业发展产生深远影响。

CONTENTS | **目录**

CHAPTER 1

第一章

企业战略与领导力

你的企业重要吗？

这是每位领导者都必须面对的最重要的问题。

如果你今天关闭企业，客户会因此蒙受实质性的损失吗？[1]对他们来说，找到另一家能够提供同等服务的企业，这件事有多困难？需要花费多长时间？

你也许不会从这个角度思考并为企业进行定位。即使你已经聘请了战略顾问，或者已经花费数周制订了战略计划，上述问题也可能会让你迟疑语塞。

如果你确实迟疑了，或者不确定该如何回答这些问题，也不要紧，因为你的情况并非个例。

我之所以知道这一点，是因为我花了大半辈子的时间和企业领导者一起研究企业战略。我曾一次又一次地目睹他们绞尽脑汁，试图证明自己企业的重要性的样子。这确实是难题。

你能回答这些问题吗？

如果你无法回答，或者无法给出确切的答案，就请和我以及正在集结的各位高管一起，共同探索吧。

————

一天傍晚，在哈佛商学院的校园里，EOP 培训项目的开学仪式即将开始。这是哈佛商学院高管培训的王牌项目之一。在奥德里奇楼的 112 教室，我和 5 位同事一起坐在位于教室最后一排、位置最高的"空中甲板"上。在这间哈佛商学院特有的圆形剧场式教室里，我们观察着涌入教室的新一批高管学员。

我发现这批学员中男性远多于女性，看上去多在 40 岁上下，身上流露出老练的自信。对此我毫不惊讶，他们都是中小型私营企业的所有者、首席执行官或首席运营官。这些企业是全球经济增长的主要驱动力，它们每一家的年度营业收入都在 1000 万至 20 亿美元之间。大多数人几小时前才到达校园，找到宿舍房间，与室友见面后便匆匆赶来奥尔德里奇楼，刚好来得及参加开学仪式。

通过他们在申请表上填写的信息，我们多少可以了解一些他们的故事。理查德是美国钢铁制造商的第三代掌门人，德拉赞是克罗地亚一家媒体公司的首席执行官，安娜是南美一家私募股权巨头集团的创始人和负责人，普拉文是印度一家家族企业集团的继承人。但就他们各异的背景和非凡的成就而言，这些不过是冰山一角。在未来的几周当中，我们将会了解到学员们更加丰满细致的经历和更加广阔丰富的行业背景。

时间一点点过去，仪式即将开始，一些踩着点到达的学员匆忙进入教室。他们是典型的 EOP 培训项目新学员，不太担心迟到问题。他们在自己的世界中，大多是那种"我到了，会议才开始"的人物。但在接下来的日子里，一切都会发生变化，他们会逐渐适应身份的改变，从坐在高级皮椅上办公的老板变成坐在教室里普通椅子上学习的学员。事实上，他们将在学校里度过一段"自力更生"的时光，日常生活中不再有人帮助他们，也不再有行政助理和下属可供他们差遣，为他们解决问题。学校强烈建议学员家属不要住在校园附近——课程一旦开始，家属便不得进入宿舍。此外，手机可以带进校园，但严禁在课上使用。

教室里终于安静下来，开学仪式正式开始。主持人先对学员的背景进行了简要介绍：此项目共包含 164 名参与者，来自 35 个国家，累计具有 2922 年的工作经验；2/3 的学员来自服务业，其余则来自制造业。

他们即将参加的项目课程安排紧凑，专为经验丰富的商业领导者打造。课程内容涉及财务、市场营销、组织行为、会计、谈判和战略等主题，授课时间共 9 周，分为 3 个为期 3 周的课程模块，分散在 3 年内完成。每完成 1 个模块，学员会回到各自的企业，将所学知识加以运用。在第 2 年的汇报分享中，学员将给出学习反馈，反思所学到的知识和策略在现实工作中哪些有效，哪些无效。这样的课程结构为教职人员提供了很好的契机，让他们得以根据实践经验进行课程设计，使理论和实践更紧密地结合。即使是在一直大力倡导理论联系实践的哈佛商学院，这种课程结构也是非同寻常的。

这些来自全球各大文化区域的领导者才华横溢、经验丰富，他们为何选择这一项目？作为公司的领导者，他们为何选择花费上万美元送自己上学呢？

阳台上的景色

从往届学员身上，我们可以知道，高管学员参与培训项目的目的，并非寻求确切问题的具体答案，而是寻求学习高效的领导力，探寻各自企业的成功之道。对大多数人来说，向何处发展，以何种方式取得成功仍然是悬而未决的问题。他们来到这里，就是为了投身于课程学习之中，接受挑战，充分挖掘并汲取养分。

对许多人来说，这段经历将是他们职业生涯乃至整个人生中的一个重要片段。他们在这里学到的东西将引导他们更广泛、更深入地思考问题。要说明这种作用，我喜欢使用"在宴会厅里跳舞"这个比喻来解释。多数舞者都只在舞池里跳舞，他们被音乐打动，与周围的舞者互动，完全融入人群之中。只有当他们从人群中抽身出来，走到宴会厅的阳台上时，才能清晰地将全景收入眼底。在那一刻，总体格局变得明朗，他们拥有了新的视角。人们往往可以由此发现更好的选择，从而优化自己在舞池中的表现。

许多EOP培训项目学员已经多年不曾离开"舞池"。他们全神贯注地应对企业经营中的各种日常挑战，从未从"舞池"中抽身而出，来到"阳台"。一方面，我们需要帮助他们理解"登上阳台"的价值。另一方面，我们需要提供工具，让他们从新的视角审视自己的"舞蹈"，发现自己可能从未想到过的选择。

企业战略课程

轮到教职人员进行课程介绍时，我站了起来，对企业战略这一课程做了简短的概述。同大多数企业主一样，高管学员可能对"战略"这一概念并不陌生，至少也有笼统的理解。"战略"一词源自古希腊语，意为"将军"——特指在战场上作战的将军。在商界，"战略"就是一家企业在市场上所采取的行动，包括其选定的竞争领域、竞争方式、竞争目标等。

我告诉他们，我们将从基础知识学起，包括战略的定义、制定方法以及评估方法。然后，我们将试着做出改变，就战略目标发问。传统的战略目标往往是使企业获得长期的、可持续的竞争优势，但这一目标太过抽象，因此我们将引入动态的战略模型，这一模型建立于充分的依据之上，也更贴合大多数领导者所面临的竞争现实。

所有这些课程都是序曲，是为培训项目最后一个也是最艰巨的任务打基础。在最后一个任务中，每一位学员都要将所学的概念和框架付诸实践，提出自己的企业战略，再由其他学员进行点评，点评讨论将会持续数天时间。最后，由学员投票选出"最佳企业战略"。

这种从一般到极度特殊、从客观到主观的课程设计，让大多数高管学员感到十分实在。面对他们自己的案例，学员的评判异乎严肃，讨论也十分走心。他们都是好胜之人，竞争十分激烈。多数人都会对自己提出的战略进行反复修改，不断完善，经常通宵达旦。有些人认为这几周异常艰辛，有些人则倍感亢奋，而大多数人往往是两者兼而有之。

认清企业战略的现实

见过成百上千的企业战略雏形后，我十分确定：许多领导者并没有深入思考过战略问题。通常，他们对企业战略这一概念的理解与其执行能力并不匹配，且相差甚远。

一些学员不知如何为企业准确定位。他们习惯以所处的行业或所生产的产品来定义企业，却说不清该企业能满足客户的何种需求，也无法从更深层次说明自己的企业和竞争对手相比有何独特之处。他们不曾花时间具体思考企业未来 10 年的发展方向，也不曾仔细盘算能够助其得偿所愿的外部力量和内部力量。

如果企业领导者尚不能给出清晰的答案，企业里其他层级的人员的困惑可想而知。在企业中，营销、生产、服务人员以及中高层管理人员，每人每天都要做出很多决策。理论上讲，他们应当依据对企业的发展目标的共同认识做出决策。但如果他们对企业的发展观点不一，或者根本不理解企业的发展目标，又如何能期待他们做出协调一致的决策来推动企业的发展呢？同样，如果领导者自己都无法为企业定位，他又如何能期望客户、股东或其他利益相关者了解企业的核心价值呢？这个问题是一切的基础，企业若要兴旺发达，必须始于此处。

实际上，除了提高标准、理解概念以及改善企业的现有战略之外，EOP 培训项目的课程还有更高的目标。我们追求的是更加独特、更加深刻、更具个性化的课程，要让这些领导者清楚地意识到，企业战略才是他们该为企业完成的核心领导力任务。这也解释了"最佳企业战略"之争为何如此激烈，为何能够激发出学员的热情。在这项活动中，惯于向别人提问和发出命令的领导者不得不接受同伴的质询，对习以为常的企业战略进行重新审视。大多数学员都认为这一经历十分关键，能从根本上改变他们对自己企业的看法。

在此背后，真正的竞争就在他们身边；每一位领导者都精益求精，不断地提高标准，这反过来推动他们自己成为更好的领导者，提出更好的战略。与他们在课程中得到的其他适用于短期的答案相比，这一过程才是能够使他们长期获益的。

不可分割的企业战略与领导力

如今，很多领导者并不理解企业战略与领导力之间的紧密联系。这两者曾经同为领导者的"分内之事"，关系密不可分，现在却逐渐被分割开来。行业专家帮助领导者进行行业分析，为企业确立竞争优势；战略制定则多由咨询专家完成，或是仅在做年度规划时才被提起。在这一理念的引导下，制定战略并确定具体的执行步骤后，战略顾问的使命便完成了。余下的便是落实计划，维持战略的持续竞争优势。至少从积极的角度来看，我们可以这样理解。

倘若事实果真如此，制定战略的过程便可以轻易地与企业的日常管理脱钩，领导者只要自己动手或雇用咨询公司来制定出色的企业战略便可万事大吉。倘若事实果真如此，那么战略学家便无须考虑企业如何达成预期目标这一终极管理难题，也无须考虑如何挖掘经验价值这一问题了。

但事实并非如此。

人们忽略的是，企业战略并非终点，也不是解决方案。它并非可以一次性解决的问题，而是一段旅程。我们需要的是连绵不断的领导力。

我们需要的是战略家。

好的战略永远没有终点，不会在签字、盖章、交付后就固定不变。不论构思过程多么精细，执行落实多么到位，如果领导者将企业战略视作最终产品，那么任何战略都将以失败告终。因为计划里总会出现需要进一步阐释的问题，人们也总会遇到意想不到的或好或坏的突发情况。企业在发展过程中积累的经验教训也总会给我们带来各种启示。

战略家的任务是对这一持续行进的过程进行引导，随时保持警惕，辨认并衡量风险，做出决策，采取行动，周而复始。战略家必须在各种机会之间做出取舍。战略顾问的专业知识和深思熟虑的判断都是重要的参考对象，企业内所有人的观点和信息也都十分重要，但归根结底，确定企业发展方向、进行日常决策、不断完善发展道路这些责任，都要由战略家一力承担。

因此，企业战略和领导力必须汇聚于企业的最高管理者。不仅是那晚在座的各位，所有的领导者都必须在心里将企业战略视为自身责任，并勇敢地担起这一重任。

那晚的发言中，我并未过多谈及这一点。但当我回到"空中甲板"坐下时，想到即将成为战略家的老学员和刚刚开始学习的新学员，思绪便不由自主地逡巡至此。我希望各位读者不仅能够理解战略家的重要性，还能够敞开心胸，接纳这一角色。

5年前，我刚开始执教EOP培训项目时，便听到人们用"充满挑战"和"富于变革"来描述这一项目。当时，我认为前者是恰当的描述，后者却有些夸大其词。但在一次又一次地见证变革后，我现在对这一描述非常认可。

开学仪式接近尾声时，我与高管学员和其他教职人员一同走向克雷斯基大厅，准备享用鸡尾酒和美食。我们的培训即将正式开始。

每次面对新一批的学员，我都会提出一个根本性的问题："你是战略家吗？"有时我会直接提问，但更多情况下，我只是引导学员思考这个问题。但不论怎样，这个问题都是学员必须面对的。我们会讨论战略家应当如何提问、如何思考、如何行动。我并不要求各位学员以学习金融学和市场营销学的方法学习企业战略。作为商界领导者，他们不必成为具体领域的专家，但一定要成为战略家。

你是战略家吗？

所有的商界领导者都必须面对这个问题，因为战略对每个企业而言都至关重要。不论领导者和员工多么努力，企业文化多么优秀，产品多么出色，创办企业的动机多么高尚，如果企业战略没有制定好，那么所有努力都会暴露在风险之中。

我撰写这本书，是想要帮助各位读者获得成为战略家必须具备的技能和认知，鼓励各位试着回答这个问题。成为战略家绝非易事，想要避而不谈也是人之常情。自问并日夜面对这个事关企业根本的问题，需要极大的勇气和开放的心态。但要知道，作为领导者，你的一丁点努力便可能带来巨大的影响。

———

CHAPTER 2

第二章

你是战略家吗

这是一个测试战略思维能力的问题。我在 EOP 培训项目课程伊始，也会让我的学员回答这个问题。

假设你就是著名的马斯科集团（Masco Corporation）的首席执行官理查德·马努吉安（Richard Manoogian），现在面临一项重大抉择。[1]你手中有一大笔资金，需要决定是否为一个新的长期项目投资。投资风险很高，决策并不容易，没有显而易见的最优决策。如果不投资，你可能会错过在新领域发展的机会，错过上亿美元的利润。如果你选择冒险却最终失败，则可能面临一二十亿美元的损失。不论如何选择，其后果都是你在今后多年一直要面对的。

为了做出明智的决策，你要先对马斯科集团及其市场地位有所了解。这个故事始于 20 多年前，但它能带给我们的启示却超越了时间。尽管相隔多年，但我们反而得以看到这家企业及其所在行业的长期发展情况。

企业背景审视

时间回到 1986 年，马斯科集团春风得意，企业价值 11.5 亿美元，连续第 29 年实现收入增长。马斯科集团在既非高新行业也非重点行业的普通行业赢得巨额利润的能力十分瞩目，华尔街将其誉为"平凡中的大师"。其产品包括水龙头、橱柜、浴室柜、锁具、建筑五金以及其他家居产品。[2] 马斯科希望企业在接下来的几年中能够创造高达 20 亿美元的现金流。

有了这样规模的现金流，你会做些什么呢？马斯科集团的领导者计划进军其他普通行业，利用自己的强大力量"改变现状"。他们的计划是成为"耐用品领域的宝洁"。美国家具行业是他们的首要目标，在这个沉寂的行业中，马斯科集团看到了巨大的商机。

马努吉安的计划前景如何？如果前景光明，那么马斯科集团又是否有能力实现计划？

第一天清晨的课堂上，我就会抛出这些问题。高管学员不会马上作答。他们和你一样，喜欢扮演决策者的角色，虽然这就是他们现实生活中的工作职责，但他们不愿在新的群体中展露自己，成为评论的目标。我循循诱导，很快就带领学员进入角色，开始考虑马斯科集团所面对的处境和问题。

"马努吉安的战略"这一案例十分有趣。马斯科集团在耐用品行业长期盈利，凭借高效的生产、完善的管理和创新能力脱颖而出。迄今为止，其最大的成就是重塑了水龙头行业。马斯科集团进军水龙头行业之前，业内企业各行其是，普遍缺乏品牌认知意识，基本没有广告宣传，销售人员培训水平不足。利用集团在五金领域的多年经验和早年作为汽车行业供应商的经历，马斯科集团的创始人、理查德的父亲亚历克斯解决了一个技术难题，制造出了单把手水龙头。亚历克斯为此申请了专利，但其他企业对这项创新兴趣索然，于是马斯科集团便开始自行生产并销售这种水龙头。

这种水龙头广受消费者欢迎，因为传统的水龙头需要使用者分别调节冷热水出口，而新的水龙头解决了这一问题。新的水龙头在厨房尤其实用，因为厨房需要的正是方便好用、免于打理的水龙头。与此同时，马斯科集团并没有放弃双把手水龙头，而是使用了一种新的阀门，引入了新的设计并申请了专利，去除了易坏的橡胶垫圈。

马斯科集团继续在其他方面进行创新，从基础制造，到物流，再到营销。马斯科集团率先为 Delta 和 Peerless 两个水龙头品牌建立了品牌知名度，引入了透明包装，并通过自装渠道直接向消费者推销水龙头。马斯科集团也是首个在奥运会期间通过电视进行广告宣传的水龙头企业。马斯科集团重新定义了这个产品高度趋同的行业，大胆地独树一帜。这家企业证明了自己善于创新、推陈出新、勇于冒险的品质，并得到了丰厚的回报。理查德·马努吉安希望这些品质能够帮助他给家具行业带来变革。

行业背景审视

马努吉安刚开始考虑这项抉择时，家具行业在美国的整体营收为140亿美元，利润额度并不高。面对运输成本高昂、生产效率低下、产品价格逐渐走低等问题，该行业年均增长率仅为 2%，平均销售利润率为 4%。全美共有 2500 多家制造商，但该行业约 80% 的销售额都集中在其中的 400 家身上。多数企业规模不大，还有很多属于家族企业，这些企业的所有者一路打拼走到今天，不愿离开这个几代人赖以为生的行业。更糟糕的是，这一行业的销售情况和利润都受经济周期的影响，与新房建设、房屋出售等广泛的经济因素密切相关。

人们普遍认为，该行业的管理并不复杂，在过去的 50 年间几乎没有大的变化。一家家具企业的总监韦斯利·柯林斯（Wesley Collins）对该行业有着清醒的认识，他调侃式地总结道：

生活中的一切都在变化，唯独家具行业稳如泰山。一位宇航员登上了月球……与此同时，家具行业往后院的烧烤架上添了一块牛排，口中咕哝着，"天呐，橡木又涨价了"。

录像带使家用摄像机成为废品，磁带使塑料唱片刻录机蒙上厚厚的尘土，文字处理软件的出现使打字机被束之高阁，适用于微波炉的袋装爆米花让爆米花机的生产商再无生路……家具行业却只是说，"多谢提醒，不过我们还是保持原样吧"。

坐在矮凳上拒不起身的我们，正在被消费者淡忘。这一行业的产品消费在消费者支出中所占的比例逐年下降，我们丢掉了美国家具零售业 40% 的业绩，25% 的零售厂家关门歇业，百货商店与家具企业停止合作，转而投向能在单位面积上创造更高利润和回报的产品。[3]

———

柯林斯还说，"烟草消费者平均每年花在 Levi Garrett 咀嚼烟草上的钱比用来买家具的钱还要多"。

大多数购买家具的行为都非常随性，购买时间也可以推迟。柯林斯指出，对于消费者来说，家具行业有很多替代品，他们的选择余地也很大。新的产品和设计很快就会被竞争者击垮，创新者的优势很快就会化为乌有。

同样令人担忧的是，在美国，家具行业的品牌认可度极低。消费者对家具品牌并不了解，也没有动力去了解。关于家具的广告并不多见。一项消费者调查显示，很多美国成年人甚至连一个家具品牌都说不出来。停下来想想：你家客厅里的沙发是什么牌子的？当我在教室里随机叫起一位学员，请他回答这个问题时，我面对的往往是吃惊的神情和长久的沉默，随后是试探性的回答："棕皮牌？"哄堂大笑。我把这个问题抛给全体学员后，往往也只有寥寥几人会举手回答，而他们大都是来自欧洲的学员。相比之下，当我问大家是否知道邻居开的汽车是什么牌子时，几乎所有人都举起了手。我想，这个问题你也一定能答得出来。

除了市场营销方面的问题之外，这一行业普遍效率低下，产品极端分散，交货周期长得让消费者难以忍受。交货通常还会分批进行，比如，消费者收到餐桌之后，可能还要等待几周甚至几个月，才能收到与之配套的餐椅。

然而，真正的问题并不在于挑战本身，而在于它们所代表的深层含义。这些问题究竟是摆在能力成熟、勇于进取的企业面前的机会，还是警告非业内人士远离这一行业的红灯？

当我向高管学员提出这个问题，询问他们是否会选择冒险时，多数人都会声音响亮地回答"当然！"。他们面对挑战，没有被吓退，反而被激发出了勇气。很多人都说："哪里有挑战，哪里就有机遇。"他们认为，如果这件事可以轻而易举地完成，其他企业也许早就抓住了这个机会。要撼动既有领军者的地位是更加困难的，既然业内没有像微软那样的行业巨头，想要站稳脚跟反而相对容易。有一位学员说："这就像是赛马，其他的参赛马匹皆非良马。"

此外，学员还指出，家具行业与马斯科集团之前进入的水龙头行业十分相似。马斯科集团之前在制造业积累了先进的生产技术、高超的营销技巧和优秀的管理能力，这些在新的行业中都十分适用。抓住这个机会，马斯科集团就能够将资金、经验和秩序引入这个分散、简单、无序的行业。

反对者的主要论据是家具行业的糟糕现状。他们认为，任何企业都无法跨越这样巨大的障碍。学员为此展开了激烈的争论，一方充满激情和干劲，另一方则更加谨慎、思虑周全。在一次讨论中，一位支持者情绪激动，脱口说道："我们并非要对尚不存在的家具行业指数基金进行消极投资，我们将成为行业的一员，我们拥有改变的力量。如果星巴克和安德玛听从了你们这些反对者的意见，它们便不可能拥有今天的一切！"

在这个问题上，你倾向于支持哪一方？

通常情况下，当我的课堂上需要学员做出决定时，"行动"一方总会以绝对的优势胜出，支持者与反对者的比例至少为 2：1。

那么在现实中，马斯科集团做出了怎样的决定呢？

　　马斯科集团确实强势地进入了这一行业。在两年时间里，马斯科集团以 3 亿美元收购了高端家具品牌 Henredon，以 2.75 亿美元收购了中端家具品牌 Drexel Heritage，并以 2.5 亿美元收购了中低端家具品牌 Lexington Furniture。此番收购后，3 个品牌的总收入使马斯科集团一跃成为美国家具行业的第二大集团。随后，马斯科又斥资 5 亿美元收购了低端家具品牌 Universal Furniture Limited。该品牌业务横跨 3 个大洲，散布在 10 个国家。该品牌秉承组装家具理念，在成本较低的国家生产配件，随后用集装箱将配件运输到美国的 5 处工厂进行组装。后来，马斯科集团不仅是世界上最大的家具企业，也是为数不多的产品覆盖所有价格区间的家具企业——这一发展策略在水龙头行业曾经非常成功。

　　马斯科集团共斥资 15 亿美元，收购了 10 家企业，还投资 2.5 亿美元用于升级生产设施、开展新的营销计划。

　　《华尔街实录》(*Wall Street Transcript*) 对马努吉安赢得建筑材料行业金奖进行了报道：

> 　　（他）拥有想象力、远见和战略嗅觉……马努吉安实现了缓慢增长，拥有了成熟的产品，成为该类产品的统治者……他近期的一系列收购都是针对家具企业进行的。他的战略目标是，在家具行业复制其在水龙头和橱柜行业的成功……[4]

————

　　介绍完这段历史后，整个教室沸腾了起来。之前主张大胆行动的高管学员互相点头示意，击掌相庆，竖起大拇指，庆祝他们成功应对了进入哈佛商学院后的第一个案例。我可以听到他们对之前持反对意见的学员说"我早就说过"，那些反对者则沉默不语。有一位学员甚至在教室里隔空喊道："没关系，鲍勃。这次的错误判断不能代表你的能力，以后我们还是可以合作的。"

但很快，那些反对者开始发问。

"马斯科集团是如何做到的？"

"他们收购了许多知名品牌。"有人回答。

"他们怎么做到的？"

"他们的市值位居首位，这还不够吗？"

"但他们能够赢利吗？"

这个问题一针见血。

我把马斯科集团的财务报表展示出来后，学员看着报表，一片寂静。几秒钟后，教室中便充斥着小声的咒骂。

马斯科集团实现收入连续增长 32 年后，净收入下跌 30%。两年后，其于家具行业的销售额达到 14 亿美元，利润为 8000 万美元，销售利润率仅约为 6%，而该企业其他板块的销售利润率约为 14%。苦苦支撑多年后，马斯科集团宣布出售家具业务板块。有分析家评论道：

到了春天，领导者将会继续踏上征程。他们带着修饰过的财务报表，展示"核心业务"的收益增长，就像他们从未涉足家具行业一样。他们希望投资者能够重拾信心，回到（马斯科集团进军家具行业）之前的日子……马斯科集团将以成长型企业的身份，强调其在建筑材料领域的发展成就和前景。但考虑到它在家具行业的价值 20 亿美元的"失误"，此行必将异常艰难。

———

故事的结局是伤感的，马斯科集团发现，退出家具行业比当初选择进入更加艰难。几次失败的交易过后，马斯科集团最终以接近 6.5 亿美元的损失，[5]卖出了旗下的家具企业。待一切尘埃落定后，马斯科集团的首席执行官马努吉安承认："进军家具行业，也许是我过去 35 年中犯下的最严重的错误。"[6]

这是发人深省的一课。高管学员没有想到，他们在哈佛商学院的学习之旅，竟以首个清晨便损失上亿美元而开始。

下课前，我会在课堂上向各位高管学员再次提问，也想向阅读本书的你再次提问："你是企业所需的战略家吗？"

第三章

超级领导者的神话

作为一名战略家，面对马斯科集团涉足家具行业的举动和大部分高管学员对这一错误决定的支持，你学到了什么？即使你对家具行业的未来并无定论甚或心存疑虑，但我敢打赌，你心里也一定有个声音是支持马斯科集团的。胆小、被动的领导者不会赢得尊重，胆大无畏、富有远见的领导者往往广受称赞，因为这样的领导者有信心将企业引向激动人心的新方向。这不正是企业战略和领导力的关键所在吗？

是的，这一观点没错。但是，成为优秀的战略家所需要的信心可能会迅速膨胀为过度的自信。当下的许多管理学理论和著作虽未写明，但总透露这样一种信念：能力过人的领导者无论在什么情况下都能获胜。对于这种信念，一位作者称，"在美国管理层泛滥的全能思维，这种思维认为不论情况多么复杂、多么无法预见，领导者都能够掌控局势"。[1]

在我看来，这种思维若发展到极致，就成了"超级领导者的神话"。对于许多成功的企业主和高管人员来说，这似乎是再自然不过的道理，他们把自己视为行动力非凡的问题解决者、自信的实干家。对他们来说，各种困难虽难以解决，但并非无法逾越的挑战。马斯科集团进军家具行业的行为背后，我看到的就是这种过度的自信。每次讨论马斯科集团的案例时，各位学员都会做出与马斯科集团一致的选择，支撑他们的同样是过度的自信。自信很重要，但如果坚信只要大胆计划、完善管理就可以消除所有障碍，"大胆"往往会变成"鲁莽"。企业战略和领导力所包含的内容，远不止这些。

马斯科集团便深受这一思维的影响，其盈利能力曾降至历史平均水平的一半。马斯科集团离开家具行业时，其股价低于 10 年前进入家具行业时的价格。马斯科集团的损失还不止于经济亏损。华尔街曾将马斯科集团誉为"平凡中的大师"，后来却开始谈论"过去的荣耀"和"痛苦的股东"。[2] 企业领导者多年被这项失败的大规模投资分散着精力，企业发展势头也大大受挫。

对马斯科集团来说，进军家具行业是一项重大决策，但绝非正确的决策——数十年的口碑与声誉毁于一旦。这印证了沃伦·巴菲特（Warren Buffett）的一句名言："建立好声誉需要 20 年，而毁掉它只需要 5 分钟。"而这一切皆可追溯到集团战略制定者的一个错误选择。

当年到底发生了什么？

和大部分领导者一样，你的直觉也许告诉你，要从马斯科集团本身及其领导者身上寻找答案。当然，他们犯下的错误无可辩驳，但是，要想厘清事情的来龙去脉，就要同时考虑企业的内部影响和外部环境。

请看第一条线索。

我们的教师团队针对这个案例第一次备课时，最年长的那位同事说："等一下，这个故事听起来很耳熟。"他离开我们，回到办公室查询文件，找到了"门格尔公司（A）"这一案例。用来记录的葱皮纸足以说明，这一案例发生的年代已经十分久远。

门格尔公司的案例发生于 1946 年。彼时，该公司计划改革高度分散的家具行业。这是一个大胆的想法吗？门格尔公司计划扩大规模，利用制造能力提高效率，并打造品牌知名度。为达成这一目标，门格尔公司违背行业惯例，花费 50 万美元在全国范围内投放广告，将"人人皆时尚"作为品牌口号，打造"永固"的品牌印象。[3] 我从未听说过这一公司，但看到了惊人的相似的历史轨迹，只是不知马斯科集团的领导者当年是否知晓这一案例。

对家具行业进行研究后，我列出了如下清单。从这些看似不同的公司中，你能找到哪些共同点？

- Consolidated Foods
- Champion International
- Mead
- General Housewares
- Ludlow
- Intermark
- Georgia Pacific

- Beatrice Foods

- Scott Paper

- Burlington Industries

- Gulf + Western

与门格尔公司和马斯科集团一样，这些公司都曾试图涉足家具行业，却无一例外地无功而返。

这些公司在进军家具行业之前的经营状况大多很好。同马斯科集团的领导者一样，这些公司的领导者也在支离破碎、混乱无序的行业中看到了可供优秀的领导者大展拳脚的机遇。带着对成功的殷切期望，他们投身其中，引入"专业化管理"，试图重塑这一行业。但几年后，所有人都黯然离场。

了解行业竞争张力

多数高管学员都认为这份公司清单既发人深省，又令人不安。这些公司都拥有骄人的业绩，却都因同一件事而跌倒。是这件事本身有问题吗？家具行业中是否存在一种力量，是这些公司及其领导者所无法掌控的？

下面是第二条线索。

图 3-1 展现了行业相对盈利能力——1990～2010 年这 20 年 20 个行业的平均股本回报率。该图根据标准普尔公司 Compustat 数据库的数据整理而成，包括了在美国证券市场进行交易的所有公司的数据。

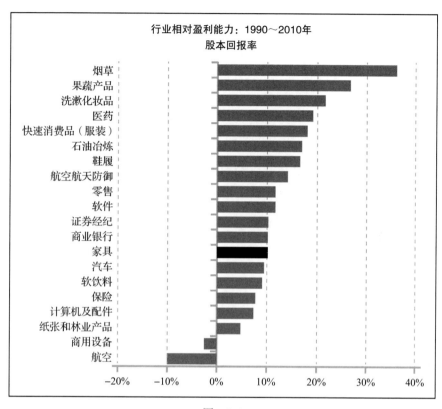

图 3-1

不同行业的盈利能力差异如此之大，你对此感到惊讶吗？烟草行业的年度平均股本回报率为36.1%，业内领先公司的回报率可能更高。相比之下，航空行业的年度平均股本回报率为−10%，商用设备行业为−2%。

根据我的经验，多数高管都知道不同行业的盈利能力会有不同，但不会想到差异竟然如此之大。对盈利能力最强的行业而言，其年度平均股本回报率比盈利能力中等的行业高出一倍多，是盈利能力最差的行业的四五倍。在其他发达国家和新兴经济体，研究人员也发现了类似的差异。[4]

不同行业之间的巨大差异是随机产生的吗？不太可能，因为差异太大，趋势又如此一致。是因为某些行业能够吸引优秀的领导者，而其他行业只能吸引差劲的领导者吗？有时确实如此，但这仍不足以解释这种巨大的差异。

事实上，这种差异是由不同的竞争张力造成的，这些张力塑造了每个行业所特有的竞争格局。[5]我的同事迈克尔·波特曾经提到，一些张力与行业本身的竞争性质有关，另一些则与该行业的供应商、客户、替代产品以及潜在的新入行者之间的力量平衡有关。这些张力有时过于强大，导致行业盈利水平低下；有时则相对温和，能够为行业盈利提供条件。

这些张力共同作用于行业内的每家企业，对其盈利能力造成影响，进而对整个行业的盈利能力造成影响，这就是行业效应。你可能会惊讶地发现，你所在企业的一些业绩，甚至大部分业绩，就是由这些张力决定的。[6]

对大多数企业及其领导者来说，竞争张力是他们无法掌控的，这是无法改变的现状，是必须面对的现实。当然，这并不意味着企业永远无力改变竞争张力，但在多数情况下，改变都异常艰难。战略家的首要任务是了解这些张力，了解它们对竞争环境所造成的影响。

区别对待

基于图3-1，我们可以将各个行业的吸引力标记在渐变轴上，从"无吸引力"到"有吸引力"。吸引力指向行业的竞争张力限制（无吸引力）、允许或促进（有吸引力）企业盈利的程度。图 3-2 列出了一些最为重要的张力，并描述了渐变轴两端的行业情况。[7]

无吸引力 ·················· ·················· 有吸引力

高。同质竞争对手和同质产品多；创新很快被复制；增长缓慢；产能过剩；存在价格竞争	**行业竞争水平**	**低**。一个或几个差异明显的主要参与者；产品独特；品牌效应强大；行业增长迅速；产能不足
强。行业依赖少数几家供应商集中生产独特的产品，且此行业不是供应商的主要盈利来源	**供应商能力**	**弱**。生产同质产品的供应商很多；由于价格竞争和供应充足，以合理的价格获得供货相对容易
强。类似产品选择多；弱品牌意识；品牌转换成本低；购买行为所包含的情感因素少	**客户能力**	**弱**。产品稀缺，差异化程度高；产品对客户十分重要，客户的选择余地不大；品牌效应强大
低。行业易于进入，有时难以退出，导致产能过剩；现有竞争对手的战略很容易被复制或超越；进入行业的资本要求低，规模要求适中，不需要稀缺资源或专门资源	**进入壁垒和退出壁垒**	**高**。新入行者举步维艰，或经济上不划算；进入行业需要一定的规模、差异化产品、高额资本投资、许可批准、丰富的专业知识或经验
多。替代产品吸引力强、种类多，能够以相对诱人的价格满足客户需求	**替代产品数量**	**少**。在可比价格空间内，客户几乎或完全找不到替代产品来满足需求

图 3-2

请注意，家具行业中的许多竞争条件与此图左侧"无吸引力"一列中列举的竞争条件非常相似。

- 企业间竞争激烈。不同家具企业所生产的家具大同小异，家具企业对创新产品的复制能力很强。

- 行业供求关系由纺织品企业等供应商主导。因为家具企业对纺织品等产品的需求非常有限，无法成为供应商的重要客户。

- 客户处于强势地位。家具并非急用品，可以延迟购买。此外，家具比较耐用，属于日用品，且客户对品牌没有明显偏好。

- 行业进入壁垒低。这意味着如果行业形势良好，会有大批新企业涌入，拉低价格。与此同时，该行业退出壁垒较高，特别是许多别无他选的家族企业，更是难以抽身。因此，业内过剩产能的淘汰速度十分缓慢。

- 替代产品比比皆是。购买新家具并非客户的唯一选择，替代产品比比皆是，二手家具交易和赠送十分常见。许多客户布置房屋时会酌情考虑、统筹兼顾，因此家具还需面对来自其他产品的竞争。比如，与家具相比，人们更乐于把可支配的钱花在电视机和音响系统上，更倾向于认为这些产品更有价值。即使家具价格的上涨滞后于消费价格指数的上涨，其销售额依然不会发生明显变化。

面对这些张力，你会如何应对？

对于我教过的很多高管学员来说，这堂课的学习并不愉快。这就像告诉他们："你们的前景已经注定，比赛已经结束了。就算比赛没有结束，大部分结果也已经不在你们的掌控范围之内了。"我发现，行动力出众的高管往往不愿承认自己会被外部力量左右，他们更愿相信自由意志，而非决定论。他们不会想到自己所在的企业可能会被整个行业所影响甚至支配。他们是积极主动的领导者，坚信高效管理的力量，他们倾向于关注自己能够控制的因素，而忽视或低估自己无法控制的因素。

拒绝神化

具有讽刺意味的是，最成功、最受敬仰的领导者，那些商界巨人，往往深谙竞争张力的深远影响，也知道自己无法凌驾于竞争张力之上。他们知道，选择合适的领域展开事业至关重要。对于"能力过人的领导者无论在什么情况下都能获胜"这种管理神话，他们并不买账。

来看看被《财富》杂志誉为"世纪经理人"的杰克·韦尔奇（Jack Welch）。你可能不记得，当韦尔奇接手通用电气时，他卖掉了 200 多家企业，价值超过 110 亿美元，并用这笔钱进行了超过 370 宗收购。为什么？因为他想要退出发展环境不好的行业，因为他认为通用电气在这些行业很难有所作为。他曾说："我不喜欢半导体行业，这个行业周期性太强，资金需求过大。业内有一些巨头，但只有一两家能实现持续盈利……（退出这个行业，）我们就可以将资金投入医疗设备行业、电力行业等，这些行业能够让我们大展拳脚……"。[8]

"奥马哈的圣者"沃伦·巴菲特有一句话十分精辟：

若要声誉良好的领导者去管理经营不善的企业，只有企业的声誉能够维持原状。[9]

———

　　巴菲特和韦尔奇是有史以来实力最强的两位经理人，两人都承认，行业的选择至关重要。他们明白，一家企业成功与否，很大程度上取决于领导者能否驾驭行业竞争张力。他们很好地实践了这一点，精心选择自己能够胜出的竞争领域，认真为企业定位，顺势而为，而不是与张力对抗。

这些例子是例外吗

　　尽管有这样的忠告，超级领导者的神话依然被许多企业高管奉为圭臬。在实践中，这一神话又常常能够得到事实佐证，让人们更是对其深信不疑。有时，即使在最困难的行业，人们也能找到可行的计划。有个别企业能在大多数企业都铩羽而归的行业取得辉煌成就，甚至还能成功地改变该行业的竞争生态。

　　此类故事在商业图书和媒体报道中屡见不鲜，企业高管对此类故事更是信手拈来：西南航空在廉价航空行业的胜利，星巴克在咖啡店行业引领的革命，太阳剧团对马戏行业的重构。他们甚至会提起马斯科集团在水龙头行业的创新。是的，这些的确都是事实。

　　但是，这些企业采取的策略并非"空穴来风"或来自超级领导者天马行空的思维，而是来自对所涉及行业及其工作环境的深刻理解。西南航空的创始人从老牌竞争对手的票价和航线结构上下手，找到突破口，谋得发展。星巴克的成功不仅仅在于制作更好的咖啡和营造更好的咖啡店环境，还在于扩大企业规模、培养独特的企业技能，从而持续地为客户提供良好的体验。

太阳剧团的几位创始人本身就是表演者，他们理解传统马戏的精髓。传统马戏的目标客户是儿童，而造成经费紧张的最主要原因是运输、照顾大型动物的大笔开销。因此，太阳剧团将目标客户重新定位为成年人，放弃了很多动物表演，从而巧妙地规避了侵蚀该行业利润的最大一项支出，同时，瞄准的客户是购买力最强的。[10] 他们并未轻视行业竞争张力，而是针对张力进行了外科手术一般精准的因症施治。

再来看看巴菲特的投资组合。大多数人并不知晓的是，巴菲特也在家具行业做了大量投资。和马斯科集团一样，巴菲特也看到了这一行业的潜力，但他选择投资家具零售而非家具制造，在美国各地收购了几家业绩良好的家具零售商。他似乎在试验，看看这些下游零售商能否从上游家具制造商激烈的竞争中获益，而上游的竞争，正是导致马斯科集团、门格尔公司和其他所有企业投资失败的罪魁祸首。长期来看，这可能不是巴菲特最出色的投资方向，但这些投资展示了一位真正的战略家的做法：深刻了解行业竞争张力后，依然谨慎行事。

没有人能从表面判断进入或留在一个艰难的行业是对还是错。像马斯科集团所希望的那样重塑一个行业并不容易，但重塑行业并非天方夜谭，也确有成功的先例。成功的重塑往往需要两方面因素共同作用：行业或细分行业本身必须有被改变的可能，希望带来改变的企业必须有可行的方案。

缺失的信息

讲了这么多，你从马斯科集团及其失败的投资中学到了什么？

为了获得完整的答案，你必须更加仔细地审视马斯科集团的行动，还要反思为何大部分的学员与你一样，都只看到了相关机会中积极的一面。

在全班投票是否支持马斯科集团进入家具行业之后（几乎每届学员都进行这样的投票），我会询问最坚定的支持者：集团该如何继续推进？集团的管理层应采取哪些具体措施，使其在新的业务领域创造高于平均水平的业绩？

除了进军家具行业这一大胆决定之外，支持者提出的计划大多单调乏味。几乎所有人都以"马斯科集团应该收购……"作为论述的开始，接着就是一些宏大而含糊的说法，比如合理化生产、提高效率、利用企业的专业管理能力、使用强力营销策略等。当我问到企业的创新做法、专业管理具体如何运作、企业如何脱颖而出时，学员的答案往往越来越模糊和肤浅。因为他们并没有想过这些问题。

显而易见的是，他们的论述是基于对企业本身的认可、对企业过去成就的认可以及对企业潜在影响力的认可。但所缺失的，是一项具体的计划，用来说明上述因素对这一行业的重要性，说明企业如何应对长久以来已经摧毁无数企业的行业竞争张力。

这些讨论让我想起，第一次世界大战后法国将领对"过去半个世纪里，德国曾两次击败法国"这一事实的应对方式。法国将领采取了一系列措施，包括建造现在遭人诟病的马其诺防线。他们坚持认为，法国之所以不会再次战败，原因在于法国士兵拥有一种"锐气"，即一种"精神力量"。法国的治军要义是，强大的决心和坚定的态度可以抵御德国军队的所有攻击。这种想法导致的结果想必大家都已知晓。

这就相当于军事领域的超级领导者的神话。

事实上，马斯科集团的精神力量也不够强大。集团的领导者希望卓越的管理能力和制造技能可以使集团在新的行业再创佳绩，也希望使集团在水龙头行业大获全胜的战略可以在家具行业产生同样的效果。虽然两个行业存在相似之处，但也存在差异，马斯科集团也许没有注意到差异，也许注意到了但并未在意。

马斯科集团收购了不同档次的家具企业。这说明在集团领导者的认知中，规模经济可以应用于家具行业，他们可以通过产品生产多样化来节约成本。这一方法在水龙头行业的确十分有用，同一家工厂可以生产一系列产品，通过同一渠道销售，由同一位水管工安装，而且同一位客户常常会购买多套产品，安装在同一处房子的不同位置。然而，在家具行业，从品牌档次，到制造、分销、零售以及客户情况都存在巨大差异，这使得规模经济很难实现。平价家具可以批量生产、批量销售，但昂贵的家具大多需要手工制作，并通过特定的零售店进行销售。很少有客户会同时购买处于不同价格区间和质量区间的家具，同一家零售店也几乎不会同时销售不同档次的家具。

同样，家具行业很难形成规模效应。尽管马斯科集团通过大量收购成为行业巨头，它也仅占了区区 7% 的市场份额，而马斯科集团在水龙头行业所占的市场份额高达 30%。7% 的市场份额能够带来的经济优势非常有限，更何况这部分市场份额还分散在多家制造厂、多个销售渠道和多个价格区间。

与其他家具企业的处境一样，五花八门的产品门类、高昂的运输成本和市场的周期性阻碍了马斯科集团盈利的脚步。这些因素共同作用，使企业无法提高供应链管理效率，也无法通过以固定设备取代人力的方式提高利润。这些问题若得不到有效解决，便会成为企业的大麻烦。

最重要的是，马斯科集团没有吸取其在水龙头行业最重要的成功经验。马斯科集团拥有单把手水龙头和无垫圈水龙头两款特色产品，满足了消费者的重要需求。马斯科集团在水龙头行业的一切发展都源于这些特色产品。在功能至上的市场中，马斯科集团拥有明显的产品优势，但家具行业看重流行样式，而非功能至上——马斯科集团没有核心优势，不足以对抗不良行业竞争张力带来的消极影响。

像曾经的法国将领一样，马斯科集团未能成功进入战备状态。它对自己的高级"管理锐气"盲目自信，低估了自己面临的行业竞争张力。一位高管用了一个形异神同的比喻描述马斯科集团的做法："马斯科集团走进了狮子窝，却没有做好面对狮子的准备。"

自责的战略家

理查德·马努吉安是马斯科集团的首席执行官，也是集团创始人的儿子，他很难接受眼下的结果。岌岌可危的马斯科集团不仅仅是由他经营的企业，更是由他父亲创造并传递给他的基业。父子俩并肩作战，企业30余年一直表现优异，在华尔街赢得了极好的声誉，而现在，这一切都化为了乌有。《金融世界》（*Financial World*）在一篇题为《马斯科集团的惨败》的报道中评论道："马斯科集团曾经是美国最受推崇的一家企业，现在已经风光不再。"尽管马努吉安承诺要让集团

"重拾辉煌"，但他需要重新赢得股东的信任，许多股东依然"无法摆脱那长达 9 年的失信噩梦"。[11]

这是一个过度自信的战略家的例子。与其他许多试图进军家具行业的企业一样，马斯科集团也认为规则严明、管理良好的企业可以在混乱无序、竞争激烈、利润微薄的行业大展宏图。通过乐观的思考、肤浅的分析和错误的类比，严重的行业问题在马斯科集团眼中成了难得的黄金机遇。

每次讲解马斯科集团的案例时，学员都会产生同样的乐观希望。我的学员都是经验丰富的高管，他们对家具行业进行初步分析时，都能及时地看到行业的不良现状，然而，当需要替马斯科集团做出决定时，他们却更倾向于将所有问题都视为机遇（有人戏称为"无与伦比的机会"）。无序混乱、周期起伏、行业分散？太好了！没有行业主导者，品牌认知度低？很棒！供应链难以管理，产品体积大、价格高、品类过多？极好！他们似乎相信马斯科集团的资源和能力可以让其克服一切困难，化腐朽为神奇，这就是"超级领导者的神话"的影响。

我怀疑马斯科集团也曾落入这样的陷阱。面对根深蒂固、长期存在的行业问题，领导者对管理的力量产生了非理性的信仰。

现实主义的力量

马斯科集团的案例是否引起了你的共鸣？

马斯科集团惨败 20 多年后，不断有学员对我说："我所在的行业与家具行业十分相似！我非常努力，却一事无成。"对他们来说，这是顿悟的时刻。他们一直在努力解决的问题突然明晰，他们明白了自己多年来苦苦挣扎的根本原因所在。

韦尔奇、巴菲特和其他精明的商界领袖，他们都理解了行业效应及其对企业业绩的深远影响。他们认识到，如同著名的《宁静祷义》所说，要接受你不能改变的事情，要有勇气去改变你能改变的事情，并且要有智慧去分辨两者的不同。伟大的战略家都能够深深地懂得这一点，但接受并加以运用却并非易事。超级领导者的神话很难在人们的心中幻灭。

这些基本的道理虽然简单，但对战略家来说至关重要。

第一，你必须了解所在行业的竞争张力。应对张力的方式，即为企业战略。也就是说，如果不了解竞争张力，就只能基于运气和希望制定企业战略。

第二，即使了解了所在行业的竞争张力，也必须找准方法，合理应对挑战。这需要有技巧地给企业定位，有意识地反击消极力量，巧妙地利用积极力量，甚至及时地选择退出。但是，不要盲目相信神话，卓越的管理能力并不一定会助人成功。

第三，不论身在哪个行业，都不要低估竞争张力。它们对个人乃至整个企业的命运都会造成不容小觑的影响。

作为战略家，你要书写的故事必须立足于整个行业背景，必须忠于现实，同时有独特的巧思。下面，我们来看第二项挑战。

CHAPTER 4

第四章

从企业目标开始

在困难行业的竞争张力阻碍战略家行动这一方面，我们已经目睹了惨痛的教训。在本章中，我将指明离开荒野之路，具体阐释机敏的战略家如何在逆境中脱颖而出。

我的讲述始于世界上公认的最富有的人之一——宜家（IKEA）的创始人英格瓦·坎普拉德（Ingvar Kamprad）。与马斯科集团的理查德·马努吉安一样，英格瓦也进军家具行业，但他的故事结局与前者截然相反。1943 年，年仅 17 岁的坎普拉德创建了宜家这家私营企业，到 2010 年，其销售额达到 231 亿欧元，净利润高达 25 亿欧元，毛利率为 46%。

但这些数字完全不足以描述宜家对消费者强大的吸引力。《商业周刊》（*Business Week*）曾评价道："宜家是独一无二的，它已经成为人们的生活方式，甚至是生活本身的设计者。宜家的世界，代表了一种思维方式，其内核包括当代设计、平价理念、巧妙宣传和由衷的热爱，不论是业内还是业外，能将这些因素融于一身的组织都是凤毛麟角。"[1]

为何坎普拉德得以成功，马努吉安则惨遭失败？因为坎普拉德在企业中创造了一种理念，我将其称为"重要的特色"（其含义将会随着故事的深入而清晰展开）。坎普拉德并没有像马努吉安那样忽略行业竞争张力，而是希望利用张力，创建一家能够蓬勃发展、创造更多价值的企业。

宜家的消费者数量多达几百万。如果你去过宜家购物，就一定还记得那宽敞明亮、装潢现代的商场环境，消费者可以沿着蜿蜒的通道浏览商品。商场面积很大，摆满了各种家具，家居用品琳琅满目。当选中一款商品时，不论是价值 69 欧元的米克书桌，还是价值 269 欧元的可供 10 人用餐的诺顿餐桌，你只需将商品信息记录在提货单上，继续前行到仓库似的大厅里，将装有商品的扁平盒子搬上购物车，把盒子放在车顶运回家，再自己组装完成就可以了。如果你带着孩子，可以将他们暂时托付给儿童乐园。你还可以在宜家的餐厅中享受平价的美味餐食，从三文鱼、瑞典肉圆到越橘馅饼。这里就像主题公园。如果你已经十分富有，也许不会期待这种消费体验，但倘若你刚刚开始奋斗，那么这里的体验堪称无与伦比。

乡村渊源

可以说，坎普拉德是一位天生的企业主。他对自己的传记作者伯迪·托尔卡（Bertil Torekull）说过："做生意是我血液中流淌的本能。"[2]坎普拉德的家乡在斯莫兰阿根纳瑞德，四周被耕地环绕。5 岁时，坎普拉德便请姑妈帮他从斯德哥尔摩的一家商店买了 100 盒火柴，然后以零售的方式在当地卖掉，赚取利润。很快，他的生意便拓展至各色商品，圣诞卡片、墙上的挂饰、采摘的越橘、捕来的鱼，等等。11 岁时，他用自己挣来的钱买了一辆自行车和一台打字机。他回忆道："从那以后，卖东西就成了我的一种嗜好。"[3]

进入哥德堡商学院学习之前，坎普拉德填写了申请文书，创建了自己的企业——宜家（IKEA 拆解：I 是英格瓦的首字母，K 是坎普拉德的首字母，E 是他成长的农场艾尔姆塔里德的首字母，A 是阿根纳瑞德的首字母）。宜家起初只是邮购企业，但其商品门类不断丰富，水笔、相框、手表、珠宝等，包罗万象。坎普拉德独具慧眼，总能找到成本最低的货源。斯莫兰当地崇尚节俭，环境恶劣，生活简朴，农民生计艰难，不得不厉行节约。

坎普拉德注意到，当时最大的邮购企业出售家具，因此，他决定在自己的商品目录中也加入一些家具，由当地的小型家具生产厂供货。很快，家具成了宜家最大的业务板块。在第二次世界大战后的繁荣发展时期，瑞典人购买了很多家具。1951 年，25 岁的坎普拉德放弃了其他商品，专心经营家具。

刚刚转型没多久，坎普拉德便身陷危机。邮购企业的激烈竞争引发了价格战。销售商和生产商削减成本，整个行业的家具质量都在下滑，消费者怨声四起。坎普拉德认为："如果任由这一趋势发展，邮购行业的声誉将会江河日下。"[4]他不想参与恶性竞争，但在消费者只能看到商品目录的情况下，如何才能让他们建立对商品的信任？坎普拉德的对策是，建立展示间，让消费者亲眼看到商品。1953

年，坎普拉德在一幢二层老楼里设立了商品展示间，一楼用于陈列家具，二楼提供免费的咖啡和小面包。开幕当天，一千多名消费者莅临这个小村庄，许多人当场签下订单，订单数量十分喜人。截至1955年，宜家发放的商品宣传册多达50万册，销售额高达600万瑞典克朗。

坎普拉德能够设身处地为消费者着想。后来，他在对宜家的理念进行阐释时说道："既然宜家转而面向经济能力有限的普罗大众，我们要实现的就不仅是低价或更低价，而是超低价……我们的价格要有辨识度，要让普通人一眼就能发现我们。"[5]

在这一理念的指引下，宜家在瑞典家具行业异军突起。但其低廉的价格也招致了同行的反击。瑞典全国家具经销商联合会开始向供应商施加压力，联合抵制宜家，并联合斯德哥尔摩商会，禁止宜家参加家具展销会。很多供应商不再为宜家供货，继续与宜家合作的供应商只能偷偷地为宜家供货——使用假的送货地址，使用无企业标识的货车送货，修改宜家商品目录呈现的商品样式，让其失去辨识度。很快，坎普拉德便陷入无法按订单配送商品的窘境。

为了反击，坎普拉德多管齐下。比如，当时业内支付供应商费用的标准周期是3～4个月，坎普拉德将其缩至10天之内；他还建立了一些小型企业，作为交易的载体。这些措施虽然有用，但因宜家扩张迅速，货物供应依然不足。找不到可靠的货源，坎普拉德担心自己的事业会就此终结。

后来，坎普拉德听说波兰政府正在迫切寻求经济发展，于是他遍访波兰乡村地区，找到了很多小型制造厂，它们虽囿于时下的官僚体制,但发展意愿十分强烈。鉴于它们的厂房陈旧,产品质量低劣,坎普拉德从瑞典收购优质的二手机器,运到波兰进行组装,并与当地的制造厂合作,共同提高生产率、改善产品质量。最终,它们生产的家具与瑞典生产的家具质量相当,成本却减少了一半,坎普拉德也得以将成本稳定在新的水平。

这样一来,瑞典国内企业的抵制反而成了"激励事件"(这个词来自剧作家罗伯特·麦基(Robert McKee),被我借用过来,形容引发重大战略转变的事件)。[6]坎普拉德说:"新问题带来的是目不暇接的机遇,当无法享受与别人一样的供货渠道时,我们不得不开发自己的供货渠道。这让我们得以享有自己的风格和设计。为了确保供应到位,我们面临新的机遇,也打开了全新世界的大门。"[7]

对坎普拉德来说,将供货源头移至他国还不够。在追求低成本的道路上,他展现出了无与伦比的决心与想象力。例如,他勇于探索非传统供货渠道,请一家雪橇制造厂来生产某一款桌子,因为这家供应商的供货价格非常低。他还从生产门的厂家购买床头板,从生产购物手推车的厂家购买框架沙发和桌子。在蜂窝板家具制造方面,宜家也开了先河。蜂窝板家具内部使用刨花填充,外部框架为成品木材,与实木家具相比,蜂窝板家具更加平价、轻巧。

此外,坎普拉德还开创了经典的宜家包装风格,商品使用平板包装,由消费者自行组装。事实上,平板包装并非宜家首创,但宜家率先抓住了机遇,将平板包装的优点发挥到了极致。平板包装有助于提高运输、装配和仓储效率,因此能够大幅削减成本。这种包装方式能简化生产流程,减少从工厂到仓库的运输费用,降低店面的装卸和存储成本，还能为消费者节约运输费用。

1958 年，宜家在瑞典阿姆霍特开了第一家门店。5 年后，第二家门店在挪威开业。两年后，瑞典的第二家门店在斯德哥尔摩开业。1973 年，瑞士门店开业。1974 年，德国门店开业。宜家成为国际市场上的一支新生力量。1985 年，宜家进军美国，1988 年落脚中国内地，2000 年进驻俄罗斯，2006 年来到日本。截止到 2010 年，宜家在全球共有 280 家门店，遍布 26 个国家和地区，消费者人数高达6.26 亿。[8]

不止低价

你会如何解读宜家在竞争环境如此恶劣的行业所取得的成功？

你脑中可能会立刻浮现"低价，低价，低价"这样的答案。的确，宜家的商品十分平价，甚至对其竞争对手造成了降维打击。

过去 10 年里，宜家平均每年降价 2% ～ 3%。每一个运营环节他们都会详细考量，将成本尽可能压缩。宜家的平板包装设计也几经改进，尽最大可能节省空间。在坎普拉德看来，企业领导通常享有的特殊福利也是一种浪费。他出行只坐经济舱，宁可挤公交也不坐出租车或专车。这些故事都已成为传奇，这种态度也已成为企业文化，不必要的花费被视为"一种疾病，一种病毒，会逐渐侵蚀健康的企业"。[9]

但宜家的定位并非"一元店"，低价策略仅是冰山一角。20 世纪50 年代，北欧风格风靡全球，这与宜家的企业战略完美契合。简约明快的线条设计使其家具独具魅力，与设计华丽的家具相比，宜家家具的价格也更加低廉。坎普拉德甚至更进一步，聘请一流设计师，兼顾家具风格设计和简化生产技术要求的任务。也许，宜家最大的设计成就在于，令平价的家具从外观到质感都拥有高级感。1964 年是宜家的转折点，一家著名的瑞典家具杂志将宜家的商品与一些知名品牌的进行了对比，结果显示，宜家的商品质量与其他品牌不相上下，甚至更胜一筹。这一结果轰动了整个家具行业，也让消费者相信，在宜家购物既经济划算，又不会有失品位。

宜家的购物环境与昏暗凌乱的零售折扣店形成了鲜明的对比。宜家的标志色取自瑞典国旗，蓝色和黄色这两种充满生气的颜色在门店里随处可见。除了拥挤的周末之外，宜家通常是个好去处，你甚至可以在这里打发一天的时光：与家人同行，在展示沙发上坐一坐，在计算机上试着设计自己的厨房，然后去餐厅吃一顿地道的瑞典美食。最后，如果你购买的商品太多，车里装不下的话，还可以租用宜家的货车，将商品运回家，或者索性购买配送组装服务。

现在，请思考一个问题：宜家的特色究竟是什么？低价？设计？平板包装？瑞典肉圆？究竟是什么呢？答案是：上述所有因素的总和。低价是核心，没有低价作为基础，其他所有都无从谈起。但其他因素不仅仅是低价的支持因素，它们共同构成了宜家独具特色的吸引力。

看到这里，你也许与其他高管学员一样，会认为："好了，谜题解开了，这个案例也分析完了。我已经知晓了答案，可以进行下一步了。"也许这个案例确实学完了，但你从中收获了什么？你学到了哪些可以用于自己企业的经验？仅仅是"低价加特色"这个制胜组合吗？

多数情况下，大家的收获都仅限于此。

但我想说的是，宜家的案例包含了更深刻的见解，可以用于所有企业。不论是通过低价竞争，还是采用差异化的特色商品制胜，这个案例都具有借鉴意义。我们需要关注的，是宜家所有战略背后的思维。

概念企业

如果英格瓦·坎普拉德受邀来到我们的课堂，介绍宜家战略的精髓，他会说些什么呢？

我们可以从他以往说过的话中得到启示："我们是一家概念企业。"他在描述企业发展理念时这样说："宜家提供'一系列设计精良、功能齐备的家居商品，并采取低价策略，使尽可能多的人有能力购买'。这与宜家'为大多数人创造美好生活'的目标完全一致。"[10]

这些描述并非坎普拉德在某些场合的即兴之言，而是他反复提及的理念。他将这段话记录了下来，并写出更多类似的文字，以报告和手册的形式印发给企业员工，所有新入职的员工都需学习这些理念。现在，在宜家的年报中，这些理念也被印在了显著的位置。

虽然宜家将这种理念称为"概念"，但我更愿将其称为"企业目标"。"企业目标"是宜家和其他企业用来描述自己的最基本的概念，说明了企业为何存在，有何独特价值，有何过人之处，企业的重要性如何体现，企业为谁服务，等等。从宜家的企业目标中，可以找到上述所有问题的答案。

不过我想，也许有些读者与某些高管学员一样，对这类"空洞的套话"心存疑虑。也许你认为坎普拉德的表述不过是公关需要，用华丽的辞藻粉饰强硬的成本削减。但事实上，这些表述并未简单地"粉饰"低价，相反，正是因为这些表述，宜家才得以推动低价策略，打造自己的特色。

坎普拉德所著《家具商的自白》一文也证实了这一点，他希望通过这篇文章，提醒企业在扩大规模的同时要保持内核不变。

> 我们已经决定，要彻底与普罗大众站在一边……要为财力有限的多数人提供服务。超低价格是我们的首要原则，但我们要的是有内涵的低价，不能因此牺牲产品功能或质量。[11]

———

低价并非推动宜家发展的唯一因素。低价并非目标，而是一种手段，"有内涵的低价"——"为大多数人创造美好生活"。

马斯科集团在家具行业的目标是什么？他们似乎没有目标，对吗？他们有的只是模糊的信念：要获得某种规模优势，要将专业管理技能和管理能力引入这个亟待改变的行业。相比之下，宜家的企业目标清晰有力，满足了长期以来的市场需求，创造了独特的市场定位，对消费者而言意义非凡。

当你思考"企业目标"这一概念时，也许会联想到更加熟悉的"比较优势"。事实上，"企业目标"和"比较优势"这两个词可以配合使用，"比较优势"更强调企业的竞争能力。竞争能力十分重要，但并非全部。领导者往往将赢得竞争作为战略核心，但这种思路并不对。企业战略的核心应当是满足某种需求，提供独特的产品，或是为特定群体提供无人能及的优质服务。毫无疑问，赢得竞争至关重要，但赢得竞争应当是找到并满足市场需求的结果，而非目标。

请回想一下企业目标的力量，想想企业目标对不同企业产生的巨大影响。在上一章中，我们看到了不同行业盈利能力的差异——将每个行业视作一个整体，展现了在行业效应下，每个行业的企业的平均盈利能力。现在，我们将关注点转移到行业内部，关注不同企业的盈利能力差异。在这种视角下，企业效应发挥作用，影响着各企业的盈利能力和行业的平均盈利能力。不论这种影响是正面的还是负面的，且不论程度如何，企业效应都意味着企业所有行为产生影响的总和。

企业效应与战略家的工作直接相关，长远来看，企业效应是衡量战略家成功与否的最好指标。在行业内部，虽然多数从业者的工作环境十分相似，所面对的竞争张力也大致相同，但产生的企业效应却可能大相径庭（见图4-1）。例如，在烟草行业，帝国烟草和奥驰亚的股本回报率均高于行业平均值，享有积极的企业效应，雷诺烟草等其他企业则面临消极的企业效应。在航空行业，尽管行业平均股本回报率为负值，但瑞安航空和西南航空依然逆势而进，其他航空企业的表现则与之相差甚远。

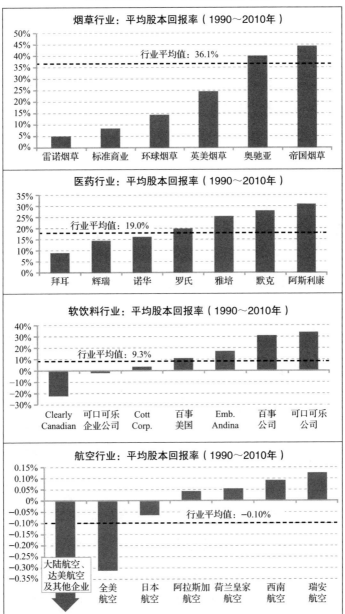

企业间的差异：4个不同行业的企业效应

图　4-1

图 4-2 列出了全球范围内一些家具零售商的销售净利率。这一行业的平均净利率很低，仅为 4.9%，有些企业的表现优于平均水平，而宜家几乎处于行业领头羊的位置。[12]

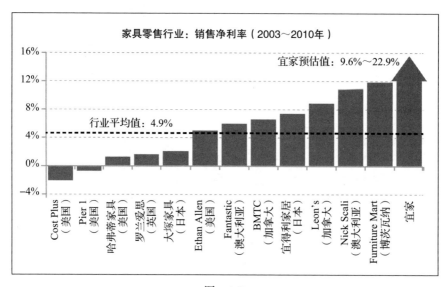

图　4-2

关键的问题是：导致同一行业内不同企业间差异如此巨大的企业效应，究竟应当怎样理解？在如此艰难的行业背景之下，使宜家这样的企业表现不俗的力量究竟是什么？

要想回答这些问题，恐怕要先从企业目标说起，不同企业的差异便始于此。企业若想在市场上存活，若想获得成功，需回答的最重要的问题就是：企业存在的意义是什么？企业能够填补何种市场空白？这是战略家首先面临的问题。企业领导者谈及的所有战略概念，包括可持续的竞争优势、市场定位、产品差异化、产品附加值，甚至企业效应，都源于企业目标。

有效的企业目标

企业目标对我曾接触的企业领导者而言都极具吸引力，这一概念似乎对他们的工作进行了升华，超越了残酷的竞争与无情的现实。多数领导者希望自己做的事情是超越自身甚至超越其企业而存在的，他们希望在更大的舞台上展现自己。他们认为企业目标这个概念让人充满干劲，对之十分认可。当然，他们还有其他的考虑。但作为企业的正式"发展指南"，企业目标需要满足很多条件。

好的企业目标是远大崇高的。它能使企业的发展方向更加崇高、更有尊严。好的企业目标可以带来很多积极影响，这就是其中之一。它能对所有人产生激励作用，包括企业员工、客户以及企业价值链上的其他所有人。宜家的员工不认为他们是在低价家具领域奋力拼搏，他们相信，宜家是在为买不起高端家具的普罗大众"创造美好生活"。

在盖洛普（Gallup）的一项调查中，几乎每一位受访者都认为"相信生活有意义、有目标"对他们"非常重要"或"相当重要"，但在不同行业的从业者中，只有不到一半的受访者对其工作企业的目标拥有很高的认可度。同样值得一提的是，在抽粪、零售、化工制造等不关乎生死的行业，很多人都对自己工作企业的目标十分认可，但在医护行业等传统的"救死扶伤"行业中，人们对企业目标的认可度较差。一份分析这样总结：

世上不存在本身毫无意义的工作。有些因素会使重要的工作看起来微不足道，有些因素则会使糟糕的工作变得令人满意……

对工作认可度最低的人认为，工作仅仅是工作，是他们必须忍受的麻烦，是一种谋生的手段。他们工作为了赚取工资，在工作之外实现个人目标，享受个人生活。[13]

————

请不要忽视企业目标对个人的影响，它能够使人投入情感和努力，取得积极成果。有一家商用表格印刷企业，面向小企业提供服务。他们的工作是与发票和销售单据打交道，看上去再普通不过了，但这家企业的员工说："我们的工作虽不光鲜亮丽，但不可或缺。如果一家企业没有支票可用，没有单据可开，它便寸步难行。"

好的企业目标包括清晰的界限。"我们这样做，而非那样做"或"我们要成为这样，而非那样"——企业目标是一种承诺。

选择某种事物，就意味着放弃了其他的事物。我的同事波特意识到，选择就意味着取舍——有所放弃才能在其他方面有所获得。[14] 不论出于何种原因，拒绝做出选择的企业最终可能会"泯然众人"，毫无特色。如果设定的企业目标不加甄选，包罗万象，那它一定不是好的目标。企业目标与战略一样，都与选择相关，而好的选择必然包含许可（"我们要这样做"）和禁止（"从后果来看，我们不那样做"）两方面的因素。在理想状态下，两方面的对立可以较为柔和。

我在 EOP 培训项目中曾经遇到一位高管，名叫佩德罗·吉马良斯（Pedro Guimaraes），他是一家影视制作企业的首席执行官。他的企业规模不大，正处于发展中。他就是明确了企业目标后，才意识到选择的重要性。起初，他的企业得到一位天使投资人的支持，这位天使投资人通过创办自己的企业发家，希望通过投资佩德罗的企业，培养自己对影视文化的长期兴趣。在我们的项目学习中，佩德罗将企业目标付诸纸面，描述了企业通过制作商业广告和商业电影而盈利的设想。

当他将企业目标展示给投资人时，他意识到了这段合作关系背后涌动的暗流。他想要制作能够创下票房纪录的电影，赚取利润，但投资人对此并不感兴趣，她最想做的是艺术电影，类似瑞典的英格玛·伯格曼（Ingmar Bergman）或意大利的费德里科·费里尼（Federico Fellini）所制作的电影。这时，佩德罗突然明白了自己的多个项目提议惨遭投资人拒绝的原因。两人之间的分歧起初便存在，只是他们从未深入交流过各自的目标，因此也无从发现这种分歧。最终，两人以和平的方式分道扬镳，各自转向更符合自身需求的对象。

好的企业目标能令人一枝独秀。如果你对企业的描述仅停留在宽泛的"我们是一家公关企业"或"我们是一家 IT 咨询企业"，那么你还没有真正的企业目标。企业存在的意义、选定的服务对象、要填补的市场空白，都必须能够将你们与同类型的企业区分开来。笼统地说，宜家是一家家具零售企业，但这一描述并不能反映宜家的重要性和独特性。来看看宜家对其特点的描述：

> 自创立之初，宜家就选择了一条与众不同的路……生产昂贵的高端家具并非难事，花钱生产然后由消费者买单就好，但生产

美观耐用的低价家具却并非易事，这需要我们另辟蹊径。我们寻
找最简方案，锱铢必较，但在创意方面，绝不吝啬。[15]

————

产品特色来自哪里？来自创新、创意，来自对产品的深刻理解，
来自改善产品的思考。产品特色可能来自提高效率的新生产技术，来
自更具吸引力、与众不同的新款产品，或是来自销售、提供产品或服
务的新方式。有时候，重要的并非某个独立的创新之举，而是新概念、
新方式所带来的一系列创新。宜家便是如此，它最伟大的创新并非新
颖的设计，也并非平板包装这一技术创新，而是进入市场的思路，宜
家为消费者提供的产品和购物体验完美地满足了消费者的需求。

宜家的经验体现了好的企业目标能够带来的优势。清晰的企业目标
可以作为焦点或核心组织原则，然后再据此展开系列创新、发展特色。

总而言之，好的企业目标是创造价值和获取价值的基础。企业存
在的目标不单是盈利，但若无法盈利，任何企业目标都难以实现。

不论你制定了怎样的企业目标，它都必须引人注目，从而带来收
益。宜家的企业目标极富感染力，其表述独特、清晰，给人以归属感
和荣耀感，除此之外，它还造就了宜家在行业内的非凡表现。

为所有人提供附加价值

衡量企业目标好坏的决定性标准是：该目标能否令你拥有在业内

"举足轻重"的特色？

企业特色之间也有重要性的区别，你需要的是真正有影响力的特色。很多企业声称自己拥有特色，但那不过是某种简单的区分点，在业内无足轻重，如"一站式购物""历史最悠久的""最大的独立供应商"等。即使是行业标准认可的"质量最佳"，如果企业不愿投资、不愿取舍，导致名不副实，那么这样的名号也无济于事。

宜家的企业目标旨在助其对抗行业竞争张力，这些张力曾使马斯科集团和众多家具企业铩羽而归。家具行业存在两个重大问题：价格竞争激烈，消费者购买意愿不强烈。宜家通过精益生产、平板包装、仓储设计等一系列操作，将这两大问题化解成了优势。家具企业的产品种类繁多，生产成本很高，宜家的应对措施是，仅选择一种设计风格，且提供有限的家具品类供消费者选择。

很多人将制定企业战略视为企业与其竞争者、供货商和消费者之间的零和游戏。他们思考的问题总是"我们如何获胜？""如何为我们争取到最好的条件？"。在这种思路下，他们关注的往往是与自身关系最密切的问题：通过提高价格或降低成本来增加企业利润。在附加值图表中，这一区间被称为"企业所获价值"（见图4-3）。[16]

研究博弈论的三位经济学家提出了更广阔的视角。[17]他们提出，领导者不仅要考虑对企业最有利的选择，还要考虑企业的行为对他人的影响，也就是上图中两端的线条：消费者的购买意愿（本质是消费者对商品或服务的满意度）和供应商的供货意愿（本质是供货商的机会成本，换言之，供货商愿为某一企业提供的最低供货价格）。当企业将线条之间的距离扩大，也就是将总价值扩大时，企业的存在对整个

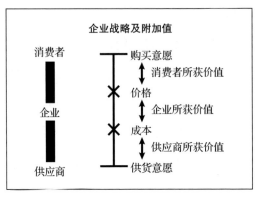

图　4-3

行业而言才是有价值的（见图 4-4）。若企业能够扩大总价值，那么它很可能无须损害商业伙伴的利益，也能获取更多的价值并增加自身的利润。

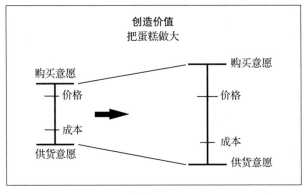

图　4-4

　　沃尔玛便是一个经典案例。它为消费者提供超低价格的优质产品，增加了消费者从消费关系中获得的价值。与此同时，沃尔玛通过批量进货、信息共享、转嫁成本等方式降低供货商成本，进而压低自身成本。

　　山姆·沃尔顿（Sam Walton）和英格瓦·坎普拉德之间存在许多

有趣的共同点。例如，两人都曾在举步维艰的行业发展低成本零售，逐步完善自己的理念，学会了以较低成本取悦消费者。但从企业战略角度来看，两人之间最重要的共同点是，他们都懂得企业必须通过自身活动创造更多价值，而不是盲目地争抢更大的利润份额。

在发展过程中，宜家也有帮助供应商节约成本。由宜家设计的家具制造成本更低，其平板包装极大节省了运输成本和装配成本。宜家订货量大，并且与供应商分享数据，助其提高效率。这些做法降低了供应商与宜家的合作成本，也就进一步降低了供应商提供给宜家的最低供货价格。

宜家对行业的重要性还不止于此。通过产品设计和独特做法，宜家在品牌意识淡薄的家具行业树立了品牌认知度。它打破了家具行业的传统认知，将家具打造为时尚品，而非长期投资品。为了打消消费者在家具购买方面的畏难心理，宜家提供免费的儿童乐园托管服务和味美价廉的餐饮服务，这两项举措都延长了人们在店内停留的时间。[18] 由此看来，宜家为所有人创造了更多的价值：供应商得以压低生产成本和销售成本；消费者享有优质的购物体验和低价商品；宜家可以从中获取更多价值。

宝马、迪士尼等拥有品牌溢价的成功企业则以不同的方式创造价值。它们的企业目标是提供高价、稀缺的商品或服务，创造超高水平的消费者满意度。为了达成这一目标，它们的成本通常高于行业平均值，但由此带来的来自消费者购买意愿提升方面的回报远远超过其成本的增加。

对任何企业来说，道理都是如此：尽可能扩大消费者满意度与供应商成本之间的空间，从而创造价值。[19] 这就意味着企业不仅要对标业内其他企业调整自身的成本和价格，也要对购买意愿及供货意愿（或其中之一）做出调整。

作为企业一切活动的"指南"，可行的企业目标对企业本身意义重大，更要将商业伙伴的利益考虑在内——为他人创造价值就是为自己创造价值的最好途径。

你的企业足够重要吗

想要了解自己的企业是否拥有可行的目标，是否为行业创造了真正的价值，可能比你想象中更加困难。在某个特定时刻，盈利方面的成功可以作为衡量指标，但这种成功也许转瞬即逝。不过，如果你能够坦诚以对，有一个简单的问题也许可以帮你找到答案。[20] 其实，这跟我在本书开头提出的那个问题是一样的。

如果你的企业在今天消失了，明天的世界会因此而有所不同吗？

尽管我们在课上花了很多时间讨论企业目标，各位高管学员对这一理念也基本认同，但这个问题总会让他们感到猝不及防。坦率地说，很多人并没有遇到过这个问题，自己也不曾思考。这是一个直击灵魂深处的问题，我希望你能意识到，你需要找到答案。

在行业中拥有"举足轻重"的特色，就意味着如果你的企业消失了，世界上便会出现一处空白，你的服务对象或消费者的世界中便会出现一处裂缝；就意味着不论是消费者，还是供应商，都无法迅速找到替代品。

如果没有这种特色，那么当你们离开时，便不会有人为你们落泪。

如果没有人会惋惜你们的离去，那么现在的你们，对他人又**有多重要**呢？

还有一个问题：为上述问题寻找答案，确保企业能够给出答案的人，应当是谁？

是你，是战略家，是负责带领企业存活下去、走向成功的领导者。

战略家并不一定要独自一人制定企业目标，然后身体力行地将其落实。企业目标的制定可能需要很多人共同努力，但是，确保企业拥有目标，并保证该目标切实可行，是一位领导者的首要责任。

这就是战略家的责任。

你是战略家吗？

CHAPTER 5

第五章

把目标变为现实

宜家的故事说明，合理、独特的目标对企业至关重要。这是战略家的专属领地。有了目标，你才有权进场角逐、参与游戏。

但是想要获胜，你还需要付出更多。

想想多梅尼克·德·索尔（Domenico De Sole）的经历吧。他出生于意大利，毕业于哈佛大学，曾是一名税务律师。1994～1995年，他被推上了古驰（Gucci）的权力峰顶。[1] 他以前曾主管该企业在北美的业务，当看到自己曾经钦佩的企业的全貌时，他震惊了：销售额锐减，客户黏性低，赤字问题不断涌现。从内部来看，那时的古驰几近瘫痪：管理层分化，无人敢做出重要决策。即使是基本问题，比如保证古驰标志性手袋上的竹节手柄的供应，决策者也畏首畏尾。他后来回忆说："那时候没有商品，没有定价策略，没有文字处理器，没有竹节手柄。状况十分糟糕！虽然有令人惊叹的手袋设计，但企业无法生产或交付手袋。"[2]

曾经象征高级时尚和设计灵感的古驰迷失了方向，以至于投资者纷纷想要撤资。由于收购方出价太低，出售该企业的努力以失败告终。之后，投资方要求德·索尔重新整顿企业，然后尽快面向公众卖出企业股份。

德·索尔不得不试着在发展举步维艰的行业为经营状况江河日下的企业创造价值。很明显，不论企业目标的构思如何巧妙，单靠一腔热血，并无法解决这些迫在眉睫的问题。他需要拓宽眼界，借助多种手段给企业"止血"，找回往昔的荣光。

当我把德·索尔和古驰面临的挑战摆在高管学员面前时，总有人会沮丧灰心，眉头紧锁。他们面面相觑，仿佛在问："古驰？时尚设计行业的古驰？它和我们有关系吗？"我明白他们的想法，很多高管学员都将时尚行业视为异类，因为这一行业注重魅力和名气，几乎不受真实市场规律的约束。虽然不免受到经济衰退的影响，但作为走高端路线的高利润行业，时尚行业在过去几十年里依然实现了持续增长。古驰的复兴是胜利者的故事，是杰出管理的体现——它不仅重拾了往日荣光，而且在崛起中完成了华丽的转型。

古驰的成功对战略家具有永恒的借鉴意义。企业领导者几乎迟早都要面对德·索尔曾经面对的挑战。德·索尔让古驰在濒临倒闭时重新开足马力、大步向前，他所使用的方法对我们有宝贵的借鉴意义。

酒店服务生的精神遗产

要理解德·索尔彼时的抉择，就要先了解古驰公司的历史。

古奇欧·古驰（Guccio Gucci）于 1923 年在意大利的佛罗伦萨开

了自己的第一家商店兼皮具车间，主营手工制品并主打高品质产品。他对品质的追求源于他在伦敦萨沃伊酒店担任服务生的经历。在酒店当服务生让他见识了富豪名流，了解了他们无懈可击的品位。这家商店的经营理念是成功的，随着生意越做越大，古奇欧的产品成了时尚和美丽的代名词。在他儿子阿尔多（Aldo）的力劝之下，古奇欧将业务拓展到罗马、米兰。1953 年，古驰的业务扩展到了纽约，但两周之后，古奇欧便去世了。

之后，阿尔多成了公司的掌舵人。阿尔多的弟弟鲁道夫（Rodolfo）负责米兰公司的经营，弟弟瓦斯科（Vasco）负责佛罗伦萨的工厂。那个时期，公司的增长速度可谓惊人。第二次世界大战后，随着经济增长，发达国家产生了对奢侈品的需求，古驰的产品迎合了颇具品位的名流精英对于"手工制品"的推崇。

阿尔多在古驰专卖店的猪皮牌匾上用金字压印了这句话："价格易被遗忘，质量永存心中。"当时当红的美女影星，如索菲亚·罗兰（Sophia Loren）和格蕾丝·凯利（Grace Kelly），都被拍到拿着古驰手袋。众所周知，埃莉诺·罗斯福○（Eleanor Roosevelt）和英国女王都喜欢古驰雨伞。使用古驰，就标志着你与这些名人属于同一阶级，表明你有能力购买贵重物品。从比弗利山庄到伦敦，从巴黎到东京，古驰商店永远挤满了女人，这种热情一直持续到 20 世纪 70 年代末期。

所以，我想问问我的学员、也想问问本书的读者，古驰在竞争中的定位是什么？它是如何吸引客户并保持利润的？

○ 第 32 任美国总统富兰克林·罗斯福的妻子。第二次世界大战后，她出任美国首任驻联合国大使，并主导起草了联合国的《世界人权宣言》。——译者注

要回答以上问题，就要先来看看企业的利润边界这一概念。[3]利润边界图，就像一张视觉地图，展示了客户为特定产品支付特定价格的意愿，以及企业以特定成本进行生产的能力。比如，一家以行业最低价销售产品的企业，必然要将成本保持在极低的水平，否则便会失去优势。像古驰这样的企业，只有在客户愿意支付优厚价格的前提下才能用更高的成本进行生产。根据波特的定义，可以将"边界"理解为"提供特定产品或服务的企业在给定的成本下，利用最佳的现有技术、技能、管理技巧和生产投入所能创造的最大价值"。[4]

处于利润边界的企业属于行业内的佼佼者。无论在哪个价格区间，它们都是最有效率的生产者。其他企业则效率相对较低，其产品或服务的辨识度也相对较低。每个行业往往由处于利润边界的企业所主导和定义，其他企业则会感到茫然困惑。

20世纪70年代时，古驰处于利润边界图的左上部（见图5-1）。和爱马仕、香奈儿一样，古驰生产成本高，客户购买意愿高，其品牌代表了优雅、财富和成功。在1975年瓦斯科去世后，企业开始分化。阿尔多和鲁道夫各持50%的股份，但阿尔多认为在家族企业的创立过程中，自己的付出更多，因此反对平分股份。为了获得更多股份，阿尔多在古驰这一品牌之下创立了一家新企业。

阿尔多和他的三个儿子持有新企业80%的股份。这家企业推出了一系列印有古驰标志的帆布条纹手袋，辅以皮革装饰。这个系列被称为古驰配饰系列，吸引了大量消费者。古驰开发并批准了新的产品生产线，开拓了一系列销售渠道，扩大了品牌影响力。配饰系列于1979年推出，由阿尔多的儿子罗伯托（Roberto）管理，带来了出人意料的丰厚利润。通过品牌授权许可，这一系列以几乎零成本的投入，获取了丰厚的回报。

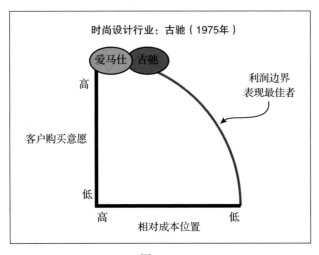

图　5-1

厨房里应该听谁的

这个看似简单的问题的解决方案最终演变成一场悲剧，与《黑道家族》[⊖]（*The Sopranos*）中的报复情节如出一辙。托尔斯泰曾写道："幸福的家庭都是相似的，不幸的家庭各有各的不幸。"在家庭关系上，托尔斯泰漏掉了一个新类别：家族企业。这种关系对企业和家族都是一种考验。

配饰系列的成功让阿尔多的另一个儿子保罗（Paolo）跃跃欲试，他开始为年轻客户开发相对低价的产品系列，但阿尔多以极端的方

⊖ 反映黑手党题材的美国虚构电视连续剧，其开创性地以写实镜头呈现黑手党的生活等内容，赢得观众、影评者的诸多喝彩。——译者注

式阻止了这一举措。为了报复，保罗向美国联邦税务局告发了即将成为美国公民的阿尔多，举报了他一直存在的偷漏税行为，将81岁的老父亲送进了监狱。保罗还试图用同样的方式抹黑鲁道夫的儿子、自己的堂兄弟毛里齐奥（Maurizio），迫使毛里齐奥逃往瑞士。意大利《共和国报》（La Repubblica）写道："G代表的不是古驰，而是'Guerra'。""Guerra"在意大利语意为"战争"。⁵

在古驰家族陷入混乱、成为被法庭传唤的常客之后，打着古驰旗号的产品开始像致病细菌一样繁衍激增。由于品牌过度授权，古驰的名字及其红绿相间的商标被过度消费，变得俯拾皆是。总计共有22 000种不同的商品上印着古驰的名字和商标，包括运动鞋、扑克牌、威士忌等。正如《女装日报》（Women's Wear Daily）后来评述的那样，古驰这一品牌已经"跌入尘泥，遭到过度曝光"。⁶更糟糕的是，与古驰的高端皮革制品相比，其价格相对较低的商品更容易被伪造。仿品几乎随处可见：从曼谷的后巷到丹佛的折扣店。只要你和其他数百万人一样不介意仿品，几乎人人都能拥有古驰手袋或是提着古驰行李箱去旅行。于是，古驰诉诸法庭，要求叫停假冒古驰厕纸的生产。但当另一家购物袋制造商别出心裁地推出"Goochy"系列产品时，古驰却选择置之不理。

每个家庭成员都想拥有话语权，以自己的方式发展企业。然而，阿尔多认为，维持家族团结、共同管理企业才是合理的选择。他骄傲地说："古驰就像是一家意大利餐馆，我们全家人都在厨房工作。"⁷这个比喻简直精准得可怕，古驰已经跌落神坛，不再是时尚界的精美佳肴，也不再是价格不菲的稀有品牌。品牌授权看似是低成本、高回报的经营模式，但如果没有严格监管，便会对企业的长期目标造成破坏。古驰掉出了利润边界，陷入了表现不佳的泥潭。

古驰如何才能回归？你会采取怎样的步骤、怎样的战略使古驰重振雄风、挽回声誉？

努力恢复荣光

阿尔多的兄弟鲁道夫 1983 年去世时，阿尔多在与儿子们争斗不休。鲁道夫的儿子毛里齐奥经过一年的瑞士流亡生活，摆脱了缠身的诉讼，一马当先冲到了最前面。他获得了总部位于巴林的私募基金 Investcorp⊖的支持，出资竞购家族企业的总控权。最终，毛里齐奥与堂兄弟保罗联手，共同买下了家族其他成员的股权。

毛里齐奥随即在佛罗伦萨召开高层会议，宣布了领导层的变动和新的战略意图。他告诉企业管理层，古驰"就像一辆漂亮的赛车，一辆法拉利"，但长久以来，它一直被当作比大众甲壳虫还小的菲亚特500 使用，沦落到了意大利基本代步车的水平。毛里齐奥说道："今天，古驰有了新的车手，加上合适的引擎、完美的部件和出色的机械师，让我们出发去赢得比赛吧！"[8]

这位新车手瞄准的是一场大奖赛。毛里齐奥恳请奢侈品零售天才唐·梅洛（Dawn Mello）来到意大利，担任他的创意总监。他对梅洛说："古驰必须重拾灿烂，我想找回昔日的荣光，再创辉煌。"[9]在毛里齐奥的指引下，梅洛使古驰回到了全盛时期。她对自己新组建的设

⊖   国际知名投资机构。——译者注

计团队常说的一句话是："我要的是风格，而不是时尚。"他们的目标是设计出"季后也不会被丢弃"的商品。[10] 对那些曾给企业带来荣耀和青睐的经典商品，古驰有意识地进行了重新设计。毛里齐奥说："古驰手袋曾经代表无上荣光，未来，它一定会再登神坛。"[11]

为了实现目标，他采取了大刀阔斧的改革，试图将多年来的错误决定和糟糕表现一扫而光。他果断地将印有"古驰"名称的商品从22 000 种削减到了 7000 种，将手袋款式从 350 种减少到更为可控的100 种，关闭了千余家零售门店中的 800 多家，并于 1990 年 1 月，雷厉风行地砍掉了古驰配饰系列。他还在没有后手填补市场空白的情况下，突如其来地抛弃了批发业务和免税业务。

猛烈的行动带来的后果同样猛烈：1991～1993 年，古驰累计损失约 1.02 亿美元。[12] 在此期间，毛里齐奥挥霍无度。他以赞助商的身份，将意大利送进了美洲杯帆船赛，还设计了包括船员服装在内的全套用品。他在米兰圣斐德理广场租赁了 5 层的豪华建筑作为企业总部，进行了耗时 5 个月的大规模装修。他还购买了曾经属于恩里科·卡鲁索 $\ominus$（Enrico Caruso）的建于 16 世纪的别墅，计划在此设立培训中心，预计装修费用为 1000 万美元。

新的商品系列最终上市时，毛里齐奥喜极而泣："这是我父亲曾经的事业，这才是古驰原来的样子。"[13]

很快，他就将因为其他原因而再次落泪。在一切改革的背后，没有成本控制，没有库存，没有财务计划，有的只是毛里齐奥的强大魄力和营销直觉。由于企业开销过大，梅洛正在组建的设计团队面临着

　$\ominus$　意大利著名男高音歌唱家。——译者注

现金压力，企业几乎无法支付账单和员工工资。面对减少的现金流，毛里齐奥继续增加支出，并将商品价格提高到了超出客户购买意愿的水平。

1992 年，古驰营业收入为 2 亿美元，亏损却达到 5000 万美元，Investcorp 对毛里齐奥兑现承诺的能力失去了信心。第二年，毛里齐奥的个人生活和经济状况都深陷泥潭，Investcorp 趁机将其股份买断。[14] 自企业成立以来，这是古驰家族成员首次全部缺席管理层，这一知名品牌的背后不再有家族成员进行操控。

一年之后，Investcorp 依然无法将古驰脱手，故而找到了德·索尔。

让实用主义取代直觉

面对这家濒临倒闭的企业，德·索尔开始组建团队。梅洛决定返回美国后，德·索尔提拔了 32 岁的初级时装设计师汤姆·福特（Tom Ford），由他接替梅洛担任创意总监。他还任命了新的生产主管和首席财务官，巩固了国际化的管理团队。关键的是，他从 Investcorp 获得了一笔现金投资。

这些步骤至关重要，但还不够。在德·索尔成功推动企业发展之前，他和他的团队必须对古驰的企业目标有全新的认识。古驰可以发展成什么样？企业的重要性体现在何处？面对爱马仕、香奈儿、普拉达和路易威登等一众品牌，古驰如何脱颖而出？古驰是否应该继续瞄准"贵族阶级"，努力做好奢侈品品牌，抑或应当选择其他品牌定位？能力、财力范围之内，古驰还可以做些什么？

这些都是战略家必须厘清的问题，是每位面临混乱、动荡、业务衰退或竞争加剧的领导者都要经历的重大挑战。古驰复兴之后，会变成什么样子？

当我在 EOP 培训项目的课堂上讲到这一点时，学员往往会参考利润边界图（见图 5-2）。可以看到，古驰距离优势地位还有很远。尽管毛里齐奥希望古驰能够回到成本高、客户购买意愿高的位置，但他只是将古驰从深渊中拉出，放到了成本高、客户购买意愿低的位置。

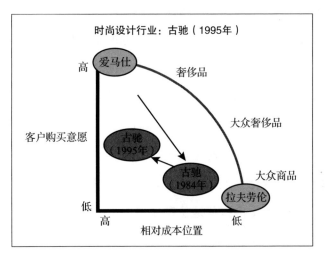

图 5-2

在课堂上，学员的本能反应是立即介入，采取行动。他们对毛里齐奥的目标很满意，只是希望能够更有效地执行计划。我会劝他们放慢脚步，仔细观察。我会问："为什么要花这么多时间来研究古驰在利润边界图上的位置？"最初，学员给出的答案五花八门。有人说："我们需要看看古驰在多大程度上偏离了轨道。"有人答："我们需要了解过去，避免重蹈覆辙。"一番讨论后，终于有人注意到了迫在眉睫的挑战，也正是德·索尔要解决的首要问题。要想使这家深陷困境的企业重拾往日荣光，他必须先为古驰精确定位，然后确定发展目标——出发之前，他必须先选好目的地。

德·索尔正是这样做的。和毛里齐奥一样，他召集了世界各地的古驰零售门店经理在佛罗伦萨开会。德·索尔的关键做法在于：他并未直接宣布自己心目中的古驰的样子。相反，他让经理们仔细观察，基于数据总结出古驰旗下的畅销品和滞销品。他希望"通过数据而非理念""通过经验而非直觉"来解决问题。[15]

经理们提供的数据发人深省：古驰近期最为成功的商品是季节限量款，最具吸引力的是古驰的时髦风尚，而非设计风格。毛里齐奥念念不忘的传统客户是珍视风格而不喜时尚的女人，是选择购买经典款式并珍藏一生的女人，但她们并未追随古驰，成为忠实顾客。

德·索尔和福特冷静地考量了这些数据。和毛里齐奥一样，他们本想让古驰留在设计界顶端，但考虑到现实情况，他们觉得这一目标无法实现。让古驰重拾精英地位需要更多的营销资金、设计资金和更多的时间，而这些都是企业所无力承担的。德·索尔后来曾说："我们当时一无所有，制订计划时必须考虑现实。"[16]

最终，他们制定了不同于毛里齐奥时期和企业成立早期的企业目标。他们不再执着于恢复古驰的原有地位，而是决定瞄准中高端市场，专注大众奢侈品，选择了与普拉达和路易威登更为相似的产品定位（见图5-3）。德·索尔解释道："这个想法相当简单。古驰将引领时尚、注重品质、创造价值。也就是说，我们要做时尚界的风向标，交付高品质产品，让购买者感到物有所值。"[17]

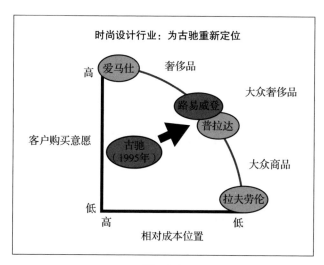

图　5-3

要想取得成功，古驰就必须培养新的客户群体，吸引更年轻、更现代的人群，放弃过去那些富有、保守、年长的客户群体。[18]正如福特所解释的那样，此举并非易事：注重时尚的人"注意力持续时间短，品牌忠诚度也许更低"。但与此同时，"传统的客户可能会买一件蓝色西装外套，搭配羊绒两件套，等到衣服穿旧了才会置换。时尚达人则会穿衣、逛街、消费、扔掉，然后再买"。因此，福特认为，如果企业能够持续吸引这些人的注意力，他们会成为非常好的客户。[19]

要做到"物有所值"，还需要敢于取舍。在古驰做出品牌降级的决策之前，这个家族企业曾经不顾成本，力求提供最高质量的服务，以建立品牌地位。德·索尔及其团队将爱马仕的手袋拆解开来，将之与古驰的手袋进行对比后得出结论：古驰仍然有能力生产高质量的产品，但当前的成本结构极其不合理。为了做到物有所值，古驰必须在成本结构和定价方面做出改变。

　　于是，重建采购网络、降低企业成本后，德·索尔命令古驰产品全面降价30%。通常，高管学员会对这个决定非常纠结。他们赞同物有所值的理念，却怀疑是否有必要在企业举步维艰时进行如此大幅的降价，因为这无疑会使本已十分微薄的企业收入状况雪上加霜。有人说："也许可以等到企业情况好转的时候再降价，或者不要一下子降30%那么多。"

　　但定价是物有所值的关键，也是吸引目标客户的重要因素。德·索尔认为，真正的不利因素并非降价，畏首畏尾才会削弱战略的效果。

　　福特在1994年10月推出了首个个人产品系列，但几乎没有引起什么反响。在他看来，自己花了一季的时间来"摆脱梅洛和毛里齐奥的影响，重新唤醒属于自己的设计审美"。[20]1995年3月，福特的第二个产品系列使人们看到了企业新目标的勃勃生机。新品不像是妈妈辈才穿的古驰，完全不像。在汤姆·福特的T型台上，没有花围巾，没有优雅的乐福鞋，也没有经典款式的西装外套。相反，发型狂野的超模们穿着紧身的天鹅绒牛仔裤、领口一直开到肚脐的紧身缎子衬衫和金属车漆质感的皮靴，在T型台上摇曳生姿。时尚杂志《时尚芭莎》在评论中写道："整场时装秀性感十足却毫不做作，观众仿佛被施了定身魔法，看得目不转睛、一动不动。"[21]

　　第二天，服装展厅人满为患，古驰获得了重生。

　　和古驰股东的愿望一致，德·索尔在1995年10月带领企业上市。短短3年之后，1998年，欧洲商业新闻联合会将古驰评为"欧洲年度最佳企业"，以表彰其经济和财务表现、战略眼光与管理质量。[22]

企业的财务表现确实十分亮眼。在总结古驰 2001 年表现的一份报告中，瑞士信贷指出，古驰的重生让人叹为观止。报告指出，在截至 2000 年 1 月 31 日的 5 个财年中，古驰的平均收入增长 36%，营业利润年复合增长率达到 54%。企业的收益加速达到 80%，平均资本回报率约为 34%，远高于 10% 的资本成本。[23] 新闻媒体也注意到了古驰的不俗表现。《时代周刊》(*Time*) 在其封面故事《时尚战争》中，盛赞了德·索尔和汤姆·福特领导的品牌复兴，认为所有试图扭转颓势的奢侈品企业都应当追随古驰的脚步。[24]《华尔街日报欧洲版》(*Wall Street Journal Europe*) 如此称赞古驰："时下奢侈品界最热门的名字，受到时尚追随者和基金经理的追捧。"[25]

重磅问题

和福特一起，德·索尔成功地重建古驰，实现了自己在 1995 年制定的目标：引领时尚、注重品质、创造价值。但问题是，德·索尔为何能够成功？毛里齐奥又缘何失败？

参考宜家的故事，有人可能说，这是因为德·索尔拥有明晰的企业目标，而毛里齐奥没有，或是因为德·索尔的企业目标在某种程度上优于毛里齐奥的。但是，我们不能因为毛里齐奥的失败而诟病其理想。对大多数旁观者来说，他的企业目标十分合理：使古驰重回奢侈品巅峰地位。这种方法叫作"回归本源"，常被推荐给迷失了方向的企业，可以帮助它们通过回归本源、找回初心而重新实现盈利。

此外，毛里齐奥的激情成功吸引了一些精明实际的投资者为其投资。Investcorp 的里克·斯旺森（Rick Swanson）说，"所有的银行都喜欢毛里齐奥，因为他的愿景如此美好"[26]"但他的财力基础并不坚实，没有达到我们的预期，他的核心管理团队并不明晰，也没有投资保障。可是，当他开始讲述自己为古驰描绘的蓝图时，人们就会迷醉于他的梦想"[27]。即使是德·索尔，也认为考虑到毛里齐奥当时拥有的背景和资源，他的伟大理想是合情合理的。

两者之间的胜负差别并不取决于他们选定的目标，而在于他们为了实现目标所付诸的努力。毛里齐奥的魅力蒙蔽了投资者的双眼，让他们对企业内部的混乱和无法兑现的承诺视而不见。相反，德·索尔通过一系列步步为营的行动将他的战略付诸现实。请思考：下列因素是如何支持德·索尔达成新目标的。

产品

作为皮革制品的补充，古驰每年都会推出一系列时尚诱人、令人兴奋的原创成衣。它们并非古驰的主流产品，而是企业吸引客户的亮点。古驰希望通过频繁推出的各类时尚服装，让全世界忘记仿制手袋和古驰厕纸。德·索尔解释道："我们要让人知道，古驰已经重获新生，变得更加"扣人心弦"、更加时尚。但这种激动人心的信息无法仅靠手袋传递出去。"[28]

品牌

古驰之所以更加关注时尚潮流，是希望能够使企业迅速建立新的品牌身份，制造刺激，吸引新的客户群体，向他们推销最新潮的服饰和利润率更高的手袋与配饰。瑞士信贷的一位分析师曾说："成衣系列反映了古驰的品牌身份和主张的生活方式，它将古驰的各条产品线统一起来，为古驰带来了在媒体上曝光的机会，成了强大的品牌传播工具。"[29]

门店

为了支持新的时尚和品牌战略，德·索尔和福特亲临门店进行考察。随后，两人决定弃用毛里齐奥时期的俱乐部式的"客厅展示"，放弃厚重的展示柜和斜角玻璃，转而打造干净、现代的门店陈列。除了门店的装潢，随着时尚类产品日益重要，门店的客户服务也开始升级。德·索尔说："与销售手袋相比，销售成衣需要店员更加投入，这对销售人员提出了不同的要求。"[30] 德·索尔和福特对古驰直营店非常关注，他们对直营店进行了装修，其数量也从 1994 年的 63 家上升到了 2000 年的 143 家，[31] 增长了一倍还多。

市场

为了宣传古驰，德·索尔将广告支出翻了一番。1999 年，广告和传播支出占到了古驰销售收入的 7%。他还有意识地将汤姆·福特包装为"营销资产"。他解释道："汤姆相貌出众，我们可以将他打造成时尚界的一股力量，从而树立企业形象，快速建立企业知名度。"[32] 这个决定固然有其潜在风险，但德·索尔认为企业需要明星效应所带来的能量。古驰将福特变成企业代言人和品牌化身之后，又为妮可·基德曼（Nicole Kidman）、格温妮丝·帕特洛（Gwyneth Paltrow）、汤姆·汉克斯（Tom Hanks）及妻子丽塔（Rita）等名人设计服装，与其拉近关系。这些做法都得到了竞争对手的交口称赞。路易威登选择了马克·雅可布（Marc Jacobs）作为代言人，爱马仕则选择了让 - 保罗·高缇耶（Jean-Paul Gaultier）。[33]

供应链

与自行生产产品的许多奢侈品企业不同，古驰的多数产品都来自供应商网络。但是，在那段现金流紧张、结算不稳定的时期，许多供应商放弃了古驰。德·索尔亲自开车去托斯卡纳，途经崎岖偏僻的山路，拜访了大部分的供应商，与它们一一谈判，挽回了最优秀的几家供应商。对于优中选优的 25 家供应商，德·索尔为其提供了财务支持和技术培训，并给出了助其提高生产力的建议。作为回报，他要求供应商始终如一地为他提供优质、及时、可靠的产品。为了让供应商更加配合，他还建立了高效的物流系统，并建立了奖金激励制度，赢得了以强硬出名的意大利工会的支持。

通过一系列改革，古驰降低了固定成本，提高了生产效率和大规模生产的灵活度，在保证手工制品质量的前提下，成功地降低了总成本。

管理

在高层，德·索尔和福特建立了密切的合作关系。德·索尔负责企业的整体运营，福特负责与视觉相关的内容——从产品设计、广告创意、公共关系、门店设计到企业传播。[34]

为了使管理层和劳动力适应这些改革，德·索尔废弃了古驰传统的家族式管理，将饱受企业政治和内讧折磨的古驰抛诸脑后，转而建立了基于价值、以绩效为中心的管理体系。企业上市后，管理者也可以得到股权的奖励。相比之下，很多私人控股的竞争者无法做到这一点。德·索尔曾说过："我拥有最好的员工，他们喜欢在古驰工作，我们也能为其提供更高的报酬。"[35]

实际上，德·索尔在产品设计、定价、营销、分销、制造、物流、组织文化和管理等方面所做的一切都与企业目标紧密相连。这些内容协调一致、逻辑自洽、环环相扣，形成了相互配合、相互促进的资源和行为体系。一切努力都是为了生产时尚产品，实现"引领时尚、注重品质、创造价值"这一企业目标。

重要的想法

毛里齐奥和德·索尔的本质区别在于，伟大的企业目标不等于伟大的企业战略。伟大的企业战略不仅仅是抱负和渴望，也不仅仅是梦想，而是价值创造体系，是一系列相互促进的部分组成的有机整体（见图5-4）。在极具说服力的目标的驱动下，企业战略能够为人们揭示企业的竞争范围、竞争策略和最终方向。

这样的体系建成后，便会优势立现，但其过程并不一定一帆风顺、美好轻松。此类体系往往涉及许多需要勇于取舍的决策。古驰王国的每一个板块，德·索尔都必须亲自决断，选择自己认为有助于达成企业目标的做法。这是严格的二元管理体系：如果某一板块不能促进

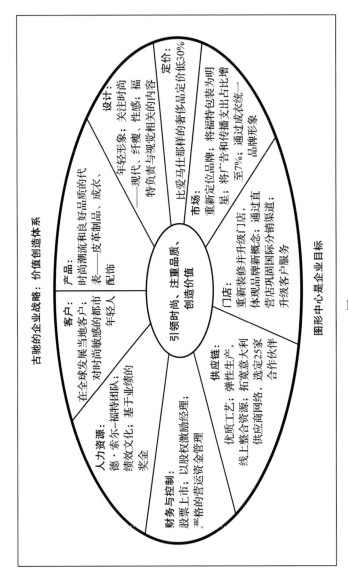

古驰的企业战略：价值创造体系

产品：
时尚潮流和良好品质的代表——皮革制品、成衣、配饰

客户：
在全球发展当地客户；对时尚敏感的都市年轻人

人力资源：
德·索尔－福特团队；绩效文化；基于业绩的奖金

财务与控制：
股票上市；以股权激励经理；严格的营运资金管理

供应链：
优质工艺；弹性生产，拓宽意大利线上整合资源，选定25家供应商网络，合作伙伴

门店：
重新装修并升级门店，体现品牌新概念；营店巩固国际分销渠道；升级客户服务

市场：
重新定位品牌，将福特包装为明星，将广告和传播支出占比增至7%；通过成衣统一品牌形象

定价：
比爱马仕那样的奢侈品定价低30%

设计：
年轻形象；关注时尚——现代、纤瘦、性感；福特负责与视觉相关的内容

引领时尚、注重品质、创造价值

图形中心是企业目标

图 5-4

"引领时尚、注重品质、创造价值"这一企业目标的达成，就必须打破重建。战略家将这些抉择称为"身份赋予的责任"，它们代表着企业的核心价值，反映了企业的本质或目标。在德·索尔的案例中，虽然很多选择都是自发、无意识的，但它们都源于德·索尔对企业目标的清晰认识。

很多领导者不愿放弃任何可能的优势，因此他们选择了轻松模式，尽量规避或延迟做出艰难的抉择："拓展新客户时，也不要放弃传统客户。"德·索尔则恰恰相反，他愿意权衡取舍。[36] 他所做的每一个选择，即使是可能使企业盈利的选择，都蕴含着潜在的风险，比如，专注开发新客户，产品降价，放弃多家供应商，等等。德·索尔每做出一个决定，就意味着古驰又一次在分岔口选择了一条路而放弃了另一条路。面对病入膏肓的企业，承担这一责任尤其艰难。

然而，企业的危机也会使变革更加容易，因为决策者必须当机立断，不能拖延。德·索尔曾说过："企业出现问题时，就需要勇往直前。穷则思变，身处危机之中，你才更有可能做出改变。要想企业复兴，就必须大步向前，不能瞻前顾后，否则人们便会找出各种借口拒绝改变。你必须担起这份责任。"[37]

德·索尔构建的体系回答了这样一个问题：如何兑现承诺？将想法变为企业战略并为其落实铺平道路的过程中，构建体系便是关键的第一步。德·索尔为古驰构建了精密的、量身订制的体系，使自己的企业目标更有可能实现。毛里齐奥则没有这样的体系，他做了许多鲁莽冲动、杂乱无章的重大决策，又过于关注企业本身，与当时的现实环境严重脱节。德·索尔的秘密武器是"时尚"，毛里齐奥则只会挥霍无度，他无力改变人们的观点，无法提升购买意愿，也无法支付不断增加的成本。毛里齐奥手中几乎没有任何稀缺资源可以支撑企业战略、抵御竞争。

制定企业战略时，人们常常会忽视稀缺性这一问题。但若没有稀缺性，企业就算也许能够基于有趣的创新想法而建立协调一致的体系，也可能会在成功迹象初显之时被别人迅速模仿。巴菲特将这种稀缺性称为"经济护城河"，这是阻隔其他竞争对手的一道屏障。巴菲特认为，某企业的经济护城河越深越宽，就意味着这家企业越值得投资。对某些企业来说，经济护城河可能是独特的物质资产，如石油和天然气资源、采矿权、房产地块、专利等。对于大企业而言，规模效应就是其独有的优势，是其他企业无法超越的（例如沃尔玛和微软）。有些企业可能拥有品牌价值等无形资产，这些资产经年积累，难以复制，比如，成年人对迪士尼品牌的感情，运动员对佳得乐品牌的感情，等等。除此之外，独特的能力和竞争对手无法破解或复制的工作流程也属于经济护城河。

我会让EOP培训项目的高管学员思考，这些资源中哪几种最能为优秀的企业战略提供支撑，他们大概率会选择前两种——物质资产和规模效应。但其实，对于大多数的企业战略而言，后两种资源的价值尤为突出。品牌价值（企业声誉）等无形资产以及复杂的组织能力和工作流程都是有助于建立企业的，但这两种资源都相对稀缺，难以模仿。德·索尔治下的古驰两者兼备：既有经过重建的品牌价值这一无形资产，又有高绩效文化、出色的设计能力、成熟的供应商网络和基于直营店的国际分销渠道。这些资源价值连城，极大地提升了古驰的竞争力。

　　将所有板块拼在一起，并朝着极具说服力的目标努力推进，便构成了设计精妙的价值创造体系。这类体系一旦形成，本身就会成为企业最有价值的资源。理想状态下，这类体系符合有价值资源的所有特质：为企业提供竞争优势；量身打造且数量稀缺；因结构复杂且建立耗时而难以被模仿。

　　德·索尔构建的体系不仅增加了古驰的品牌价值，也为企业扩张提供了平台。德·索尔由此创造的价值从一宗商业收购中便可见一斑。20 世纪 90 年代中期，当 Investcorp 为古驰寻找卖家时，酩悦·轩尼诗－路易·威登集团（Louis Vuitton Moët Hennessy，LVMH）的总裁伯纳德·阿诺特（Bernard Arnault）甚至不愿为收购付出区区 4 亿美元。但在 1999 年，LVMH 开始购买古驰的股票。据报道，那时阿诺特出价 80 亿至 90 亿美元，希望收购古驰，获得对企业的完全控制。这一价格足足是 5 年前的 20 倍。

　　德·索尔对阿诺特的收购行为进行了反击。最终，法国巴黎春天集团（Pinault Printemps Redoute，PPR）成了他的"白衣骑士"。巴黎春天集团在 1999 年以 30 亿美元收购了古驰 40% 的股份，并同意为古驰的下一步收购和扩张额外注入资金。在这场竞价战中，古驰的商业模式，即其价值创造体系，就是企业最有价值的资源。巴黎春天集团的创始人弗朗索瓦·皮诺（François Pinault）说："我喜欢创造事物。我可以通过这个机会缔造一个全球集团。"[38] 古驰建立的体系支撑着企业的竞争优势，这一体系还可以作为多元化经营的平台，为巴黎春天集团旗下的同类企业赋值。

明星领导者与战略

那么，古驰公司的明星领导者呢？难道他们不是公司最有价值的资源吗？毕竟，是他们让古驰转亏为盈，也是他们构建了这一价值创造体系。

EOP 培训项目的高管学员通常将古驰的成功归于德·索尔和福特。毫无疑问，不管是德·索尔和福特个人，还是两人的配合，都为古驰创造了巨大的价值。但在确定企业的宝贵资源时，不论某个人多么天赋异禀，我们都需要超越个人崇拜的思维。企业的成功可能始于某些关键人物，但仅有他们还远远不够。当巴黎春天集团为古驰投资时，德·索尔 – 福特这个全明星阵容无疑十分抢眼，但他们的吸引力也许并不像你想象的那么大。2004 年，巴黎春天集团收购了古驰剩余在外的所有流通股，将其变成了自己的全资子公司。德·索尔和福特提出"必须保证古驰的管理自由"，并要求巴黎春天集团承诺在古驰的董事会中保留独立董事席位。巴黎春天集团为德·索尔和福特开出了丰厚的待遇条件，但拒绝了二人提出的独立管理权。[39] 据《华尔街日报》报道，集团开出的报酬"超出了德·索尔的预期"。二人从古驰的股票中赚取了数百万美元，不久就辞职离开了。

当时的旁观者与当下的高管学员一样，对此非常不满，又震惊于二人的离开，深表感慨。然而，古驰并没有因此一蹶不振。二人离开后，古驰几经起伏，既有亮眼表现，也有低谷时期。若德·索尔和福特未曾离开，古驰的前路是否会更加光明？很多人认为会。但重要的是，在没有他们的情况下，古驰依然能够继续运转。这一事实最好地证明了，是二人创建的体系价值连城。

优势

在一次访谈中，我邀请德·索尔评述自己在古驰取得的最重要的成就。他的回答如下：

> 我们把时尚变成了一个真正的行业。我们顽强不屈，极富竞争力。我们重建了企业，重新定义了时尚行业。从前，时尚行业的主要玩家多为小型私有家族企业，通常并不盈利。我们虽然花了几年时间，但最终证明了，时尚行业也可以做到利润颇丰。[40]

———

德·索尔和福特并不曾进行宏大的改革。他们的成功，靠的是对行业的透彻了解，是对古驰企业目标的始终坚守，是狂而不乱的稳步向前。他们一步一个脚印，完成了重建古驰品牌所需的所有变革和调整。德·索尔曾说过：“管理企业如同日常生活，都是点滴小事的不断积累。我们主动出击，确定重点，采取果断迅捷的行动。”

许多人认为战略家的首要工作是思考，其实不然，战略家的首要工作是制订计划，然后建立组织，将计划落实。德·索尔说：“有的企业拥有出色的企业战略，但它们只会夸夸其谈，坐而论道。我则会全程跟进战略的落实，我会一直给经理们打电话，确保他们将自己的承诺付诸实践。”[41]

每个学期初始，都会有学员提议大家集体讨论，在制定战略和执行战略中选出更重要的那一个。在我看来，这种二分法本身便是错误的，这是无意义的讨论。但这一点需要学员自己领悟，因此我会暂时对此不予理会。讲完古驰的案例后，我会重新提出这一讨论，让学员思考："在古驰的案例中，企业制定战略是什么？执行战略是什么？二者的界限在哪里？"通常情况下，学员都无法给出明确的答案。或许，这个问题本身就没有答案。构思精妙的战略一经制定，便"波澜不惊"地进入执行阶段，这难道不是最理想的状态吗？

至关重要的是，要将企业战略视为组织细节丰富、以企业目标为驱动力的价值创造体系。企业战略是远大抱负与实际行动之间的桥梁。虽然古驰和宜家的企业战略十分明确，但通过与数千家企业的合作，我发现，将摆在面前的所有细节梳理清楚，建立这样构思精妙、切实有用的体系并非易事。

要找到问题所在，往往需要回溯至初。如果领导者对企业的发展方向缺乏清晰的认识，就无法建立协调一致的价值创造体系，因为他们不知道自己应该做些什么，也不知道如何判断自己是否成功。这时，领导者就只能盲目摸索，寄希望于通常意义上的"良好做法"，如引进"最先进的"销售管理方法或实施全面质量管理等。[42] 这些做法可能会对企业有所助益，但无法帮助企业找到足以安身立命的竞争优势。

你和企业的每一位领导者都必须扪心自问，你的企业战略是不是真正的价值创造体系？是否拥有相辅相成的不同板块共同构筑的清晰目标？

如果你的答案是否定的，那么是时候行动了。在下一章中，我将带你着手解决这一问题。

第六章

制定你的战略

该你行动了。

你已经学习了马斯科集团、宜家和古驰的成功经验和失败教训。你已经知道，每家企业、每个机构都需要制定自己的战略；有意义的企业目标和与其高度契合的价值创造体系至关重要。现在，是时候审视自己的企业了。你的战略是什么？

每次 EOP 培训项目接近尾声时，我都会向各位企业主和总裁抛出这个问题，很多人会自信满满地点头示意，因为我们在项目中花了大量时间讨论企业战略，各位学员对各项原则都已烂熟于心。当对知名企业的战略进行分析时，他们也已多次证明自己，成功地将其优势和劣势一一指出。但也只是止步于此。

当我请各位学员描述各自的企业战略时，很多人仍感到十分困难。除了笼统的概述之外，他们往往难以准确地描述自己企业的业务范畴和独特之处。他们的观点十分模糊，陈述也平平无奇、缺乏创见。

这件事之所以如此艰难，是因为分析自己往往比分析他人更难。

作为旁观者，我们冷静客观、头脑清晰，但一旦面对现实中的自己，我们就会变得犹疑不决、瞻前顾后。

　　虽然在高强度的课程学习中，EOP 培训项目的学员已经掌握了战略分析的工具，但对很多人来说，理解战略的相关原理和成为真正的战略家之间，依然存在着一道鸿沟，就像玩战争游戏和进行真实的战争之间的差距，抑或是从书本上学习游泳和真正下水游泳之间的差距。

"我从未攻陷过城池，但我上过许多有效攻城的课程。"

　　事实上，将战略思维应用于自己的企业，可能并非易事。很多人从一开始便走错了方向，他们或是没有认真思考企业目标，或是思考不够深入，没能探明企业的所有活动能否支撑自己的想法。学习并了解其他企业的困境和成功经验是一个好的开端，但这还远远不够。要想成为成功的战略家就必须亲力亲为——需要斟酌企业的特定目标，找到举足轻重的特色，打造价值创造体系，然后将其整合，确立企业的独特战略。

要想迅速上手，只有一条路可走：将这些想法付诸纸面。

与言语相比，文字有着无可比拟的优势：它迫使人们有逻辑地思考。文字使人不得不深思熟虑、字斟句酌地描述企业的业务范围，说明企业的不同部门所承担的功能。将所有信息列举后，便可以开始分析整个战略是否可行，应该如何加以巩固。

这并不是漫不经心的练习，你会发现自己在未来将不断重复这一过程，修改这些文字。成功的企业战略不是埋头工作一个下午就能完成的，也不是整个团队加班一个周末就能写出的。相反，多数领导者都需要不断对企业进行分析、反思，完成每一个步骤，在此过程中慢慢形成企业目标。[1]

这一过程不仅有助于训练你制定战略的技能，也有助于你学会如何向所有的利益相关方阐明你的战略。很多领导者从来没能做到这一点，他们只能给出宏大或含混的描述，对企业自身的特色或存在的特殊意义则甚少提及。一次，我们在课上谈起了这个话题，一位学员说，参加 EOP 培训项目前，他从网上查询了所有学员的企业背景，大家分别来自 170 多家企业，但网上查到的企业目标大多不能给人眼前一亮的感觉。他说，他几乎无法清晰地了解这些企业，既看不出企业特色，也找不到自己关注这些企业的理由。

其他学员纷纷举手，表示他们做了同样的调查，得出了同样的结论。随着越来越多的学员领悟到问题所在，大家的神情也变得严肃起来。

不清晰的企业战略可能会导致内部成本增加。信息技术咨询专家詹姆斯·钱皮（James Champy）认为："大多数企业对自己的未来发展方向并没有清晰的认识。企业属于哪个细分市场，企业增长速度如何，目标规模有多大，如何实现产品差异化……"他认为，这种含混不清使企业员工只能在黑暗中摸索，无法准确地预测企业的未来需要，也无法干好本职工作。因此，员工只能通过类似占卜的方式，通过分析领导者的行为对企业战略进行猜测。[2]

界定清晰的企业战略能够指引企业，为企业发展指引方向。它能增进沟通，通过清晰的语言，说明企业的业务范围及选择这一范围的原因。客户和投资者得以更加深入地了解企业，员工也不必猜测企业目标，他们能够清晰地知道自己的工作将如何助力企业达成目标，并了解自己的工作职责。

在 EOP 培训项目中，确立企业战略的过程引发了学员的很多思考：有些人痛苦地发现，他们不得不砍掉某条生产线或是卖掉某个业务板块；有些人发现了自己错失的机会；有些人则找到了新的市场定位。下面简单介绍三个案例。

理查德·阿贾伊（Richard Ajayi）是大桥诊所（The Bridge Clinic）的所长。大桥诊所是尼日利亚第一家试管婴儿专门诊所，以其高标准、多元化的服务而著称。当阿贾伊认真思考诊所的发展方向时，他意识到，有能力负担高额费用的客户，大多会去海外寻求医疗服务，而位于市场中低端的客户，往往并不了解这项技术的价值，也无力承担高额费用。针对这一情况，阿贾伊将与患者需求无关的成本支出全部砍去，将诊所服务与国际最高标准对齐，将诊所重新定位为优质平价医疗场所，其理念为："我们并非遥不可及，下定决心，把握机会。"重新定位后，诊所满足了上千名患者的需求，实现了前所未有的增长。

杰夫·皮切乌（Geoff Piceu）的祖父于 1953 年创建了联合涂料化工公司（United Paint and Chemical），该企业逐渐成为汽车涂料行业的中坚力量。然而，21 世纪的最初几年，这一行业的竞争变得残酷起来。那时，年轻的皮切乌刚刚接手企业，他将业内的竞争局势描述为"一场不忍听闻的灾祸"。联合涂料化工公司总部位于密歇根，那时已经难以盈利。皮切乌认为，企业要想存活下去，最好的选择就是降低生产成本。在汽车涂料行业，技术产业化的速度非常快，创新带来的优势根本维持不了多久。意识到这一点后，皮切乌舍弃了昂贵的基础研究，抛弃了这一业内传统，转而采用"后发制人"的战略，直接购买创新成果，做行动迅速的跟随者。他还采用精益生产的范式运营企业。皮切乌的战略使该企业的生产率相对于其他竞争者几乎翻了一倍，销售额增长达到两位数。

尤金·马切斯（Eugene Marchese）是澳大利亚一家建筑企业的创始人，他希望将业务范围扩大至其他的住宅类市场，同时进军本国的其他地区。但那时，企业在新市场上的特色尚不清晰。因此，他转而决定进军其他国家的二线城市，利用城市公寓这一获奖设计，同时利用现有人力资源和其他资源，在全球各地实现发展。现在，马切斯集团（Marchese Partners）的办公室已经遍布世界各地，从悉尼、旧金山到广州，它们为全球的顶级开发商提供创新设计服务和最新的商业信息。

———

以上三个案例均重新思考了企业战略，为重新审视企业带来了良好的开端。

阐明企业目标

正如第四章所提到的那样，企业目标描述了企业的独特价值，是企业战略的核心命脉，是企业存在的意义和企业的本质的宏大阐释。企业目标要具体、易懂，要根据企业目标制定企业战略，企业战略要反哺企业目标。

我见过很多企业都将自己的目标描述为"成为某行业最出色的企业""全心全意满足客户需求"，或其他的类似描述，比如"本公益机构致力于改善社区居民的生活质量"。再如：

我们致力于改善全球范围内客户的生活品质，为其提供品牌产品、优质服务和更多价值，从现在到未来。在此基础上，客户将以领先的购买量、利润和价值创造回报我们，使企业员工、股东及我们生活工作的社区得以繁荣发展。

———

最后一个例子来自消费品巨头宝洁，但这样的企业目标让人们怎么可能将其与企业联系起来？

相比之下，有些企业的目标是这样的：

_____：为全球范围内每一位运动员提供灵感、带来创新。

_____

_____旨在找寻更好、更快的在线搜索方式，服务更多地区，不断提高效率。

_____

或是这样的：

_____是全球汽车和摩托车生产企业中唯一专注保证旗下所有品牌在所有相关领域均保持高标准、高质量的企业。

_____

你能否辨认出，以上 3 个企业目标分别来自耐克、谷歌和宝马？它们都抓住了企业存在的意义和企业的本质。

你的企业目标是什么？你的每一位员工都了解这个目标吗？

如果企业口号能够体现企业独一无二的价值，那么便可能成为企业目标的精髓，或是作为企业目标的"序曲"，让人仔细思考。培训学员中，H. 克尔·泰勒（H. Kerr Taylor）是休斯敦房地产企业 AmREIT 的创始人，他与我们分享了自己最初创立企业时的想法。毕业后的一次旅行中，他来到了意大利的佛罗伦萨，看到广场上的多功能建筑群宏伟秀丽，底层是商铺和办公室，上面则是公寓住宅，他感到了深深的震撼。在咖啡馆里，他向身旁的一位长者询问这片建筑归谁所有，这位先生解释道："这些大楼属于意大利几个最富有的家族，几乎从未转手售卖，这就是财富代代传承的方式。"

泰勒完成了 MBA 课程的学习，又获得了法学学位后，回到了家乡休斯敦。他希望建立自己的资产组合，就像那些意大利富庶家族的人一样奠定自己的基业。他的企业刚刚起步时，资金十分短缺。起初，他买入了大量位于街角的房地产，然后将其打包出租给银行网点或连锁餐馆等。最终，他买下了多个位于黄金街角的购物中心。在此过程中，他的企业始终坚持一句口号——"无可替代的街角"。这是一个充满力量的口号，泰勒说："人们在企业招牌上看到这句话，就难以忘怀。"

泰勒参与 EOP 培训项目时，他的企业经过 20 多年的成长，已趋于稳定。他试图描述企业战略，和自己的管理团队一起尝试使用不同的方式讲述企业的故事。这件事看似简单，却能够深刻揭示企业的本质及其重要特色。他们将自己的房地产项目与业内最优秀的同行的房地产项目在地图上分别标注出来，共计 800 余处。显而易见的是，AmREIT 的项目与其他行业巨擘相比，虽然规模较小，但集中布局在富人区，对投资巨头有极大的吸引力。根据预测，2015 年时，AmREIT 与其同行之间的差距不断扩大，只有一家行业巨擘能够与之平分秋色（见图 6-1）。

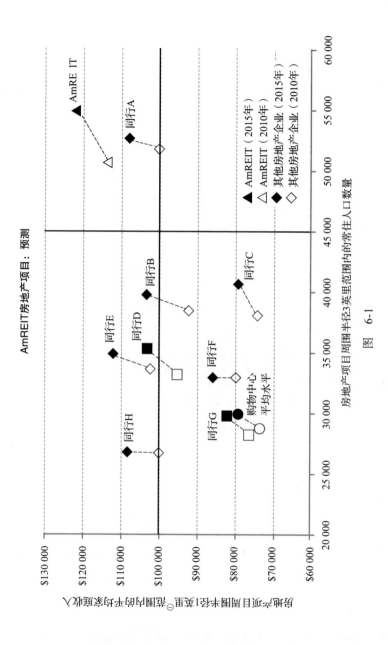

图 6-1

① 1 英里≈1609.34 米。

　　泰勒及其团队仔细研究图表，字斟句酌地草拟企业战略的同时，开始思考"无可替代的街角"这一口号的真正含义（见图6-2）。他们希望进一步明确企业目标并促进其实现。为此，他们更加准确地定义了企业希望收购的房地产类型与地理位置，以及房地产项目的遴选过程。清晰的衡量标准由此产生：理想的街角必须毗邻大量住宅区，特别是富裕家庭居住的区域；必须临近交通干道；必须位于不论昼夜都人流密集的区域。

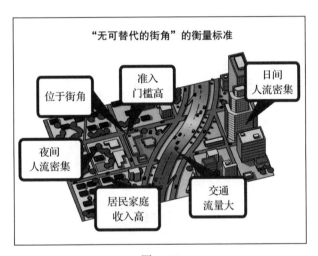

图　6-2

　　将企业目标具体化，有助于更好地理解企业特色，提高效率，建立起正向反馈环。泰勒说："新增加的细节不仅改善了企业的运营，而且使企业战略与企业目标更加契合，帮助了员工和潜在的承租者了解AmREIT的故事，也吸引了机构投资者的目光。"而在此之前，由于规模因素，AmREIT常常会被机构投资者忽视。

　　泰勒没有想到的是，他们在这一过程中花费了大量的时间与文字打交道。他说："从前，我不理解文字的重要性。我们需要找到准确的语言，才能与他人更好地沟通，才能更加清楚地与自己的内心进行沟通。"

AmREIT 的努力与英国石油公司（British Petroleum）前首席执行官约翰·布朗（John Browne）对企业目标的定义相当契合。在接受《哈佛商业评论》采访时，他说："企业目标决定了企业的本质和特色。作为一家企业，这就是我们存在的意义……"当你试图建立并确定企业目标时，不要满足于最初的想法，要像泰勒一样，不断打磨，使其越发清晰。你的企业目标越确切，就越能为企业战略提供确定的参考，你对企业的理解和洞察也就越加深厚。

建立你的价值创造体系

至此为止，你已经知道，企业目标仅仅是开端。正如第五章讨论的，企业目标仅能让你获得参赛资格，进入赛场，这并不代表你拥有获胜的权利。德·索尔使古驰内部的各个方面，从设计、采购、仓储、产品到定价等，都与企业目标契合。同样，你要保证企业的所有活动和资源都能够协调一致，共同支持企业目标。

你需要在早期阶段就对客户进行精准定位，但不一定只有最终客户才值得关注。劳拉·扬（Laura Young）于 1991 年加入丽晶（Leegin），即布莱顿收藏公司（Brighton Collectibles）的前身。那时，该企业主要销售男士皮带，其所有者杰瑞·科尔（Jerry Kohl）希望进军女士皮革制品行业。从那以后，丽晶开始销售手包、钱包、珠宝、鞋履等商品，成为专门销售中档价格女性配饰的精品店，打造了一个重要的细分市场。布莱顿收藏公司现在的年销售额已经超过 3.5 亿美元，但它并不属于传统企业。布莱顿收藏公司完全归科尔所有，没有董事会，没有组织架构图，就连正式的管理职位也寥寥无几。科尔和扬以合作伙伴的身份，共同管理这家企业。

扬开始为布莱顿收藏公司制定企业战略时，感到很难描述企业的定位。确定客户群体十分重要。企业是否应当采用扬所谓的"闺密营销"策略，将最终客户定位为喜欢抢购心仪的穿搭并与朋友分享的女性用户？最终客户是数千家专门出售布莱顿收藏公司饰品的私营精品店店主，是精品店和布莱顿收藏旗下商店的销售顾问，还是当下的100 多名兢兢业业、负责与商店沟通的销售代表？

每一个群体都很重要，他们在布莱顿收藏公司独特的市场营销手段中都扮演着重要角色。最终，扬决定，布莱顿收藏公司应当将直接负责营销商品的人群作为客户群体，包括企业的销售代表、精品店店主和销售顾问等。因为他们能够在最大程度上影响消费者最终的购买决定。让这一群体感到满意，助他们赢得利润，才是布莱顿收藏公司健康发展的关键。

那么，扬是如何使布莱顿收藏公司的运营及价值创造体系与营销人员的利益匹配的呢？

为了保持商品的新鲜感，企业采取了"数量少，品类多"的生产策略，而不是大批量生产少数商品。这就意味着零售商拥有了更多选择，也能为前来购物的女性消费者提供更多品类的选择。布莱顿收藏公司还设计了一系列新颖的激励手段、讨论会和其他活动，帮助销售代表深入了解这一品牌。近 20 年的时间里，扬和科尔为上百位精品店店主和员工提供机会，与他们一同前往洛杉矶及中国、意大利，巡视工厂，共同进餐，保持长期合作。

"我们与业内很多同行都不一样，"扬说，"我们与销售顾问保持联系，因为他们才是每天都与消费者打交道的人。我们对这个行业抱有真正的激情，我们的品牌蕴藏着真正的精神。"她认为，培养品牌精神非常重要。"如果没有激情，销售顾问就无法胜任店内的工作。因为销售顾问需要找到差异点，为消费者提供优质的购物体验，这样才能在众多选择中留住消费者。"当今世界，商店还需要与网购进行竞争。此外，需要所有零售商注意的是，布莱顿收藏公司激发了销售顾问的积极性，他们的服务是网购无法比拟的。"要让消费者每次进入商店都感觉良好，"扬说，"要为消费者提供上佳的购物体验，使她们与销售顾问之间建立真正的、温暖的情感纽带。"

重要的是，布莱顿收藏公司还对精品店的利益加以维护，拒绝在梅西百货（Macy's）、狄乐百货（Dillard's）、尼曼百货（Neiman Marcus）等大型百货商场销售自己的商品。这些百货商场都曾向扬抛出橄榄枝，但均遭拒绝，扬有时还会送上鲜花或饼干，为自己拒绝合作表示诚挚的歉意。

作为回报，布莱顿收藏公司对零售商提出了超乎寻常的销售要求：为了保持品牌一致性，零售商必须以最低零售价进行销售。目的是使消费者相信，不论自己从哪里购买布莱顿收藏公司的商品，都能够获得同等的待遇。同时，布莱顿收藏公司的定价策略为零售商留出了足够的利润空间，使零售商能够提供诚意十足的服务、舒适的购物环境和方便的购物设施，这些特色已经成为布莱顿收藏公司的代名词。[3]

在布莱顿收藏公司坚守品牌战略的过程中，位于达拉斯郊区的小企业
Kay's Kloset 坚持要为商品设定折扣，还为此将布莱顿收藏公司告上
法庭。布莱顿收藏公司选择了反击，但美国联邦第五巡回上诉法院援
引数十年的先例，判 Kay's Kloset 胜诉。随后，布莱顿收藏公司向美
国联邦最高法院提起上诉，最终胜诉。

通过这一案件，布莱顿收藏公司改变了美国零售业的格局。最高
法院的判决推翻《谢尔曼反托拉斯法》（Sherman Antitrust Act）中有 96
年历史的一项内容，以布莱顿收藏公司一案作为先例，主张在分销者
不妨碍竞争的前提下，生产者有权规定最低价格。[4] 从那以后，布莱顿
收藏公司发展迅速，现在已经拥有 160 多家商店，但对最低零售价的
坚持，始终是企业的核心战略之一。

为了了解这些决定，弄懂它们在布莱顿收藏公司价值创造体系中
所扮演的角色，探明扬所谓的"秘密酱料"，我们可以列举布莱顿收
藏公司的经营活动，看看这些活动如何支持其企业目标。例如，带精
品店店主巡视和最低零售价销售策略都是布莱顿收藏公司营销策略的
核心要素。产品品类、销售及分销也非常重要，此外，重要的还有
企业的信息系统、运营体系、人力资源体系和财务体系。以上所有
要素都指向相同的目标，贯穿布莱顿收藏公司的整体运营，成为一种
特色。

战略之轮

为了更加直观地理解价值创造体系如何支撑企业目标，我采用了

一种传统的呈现方法，绘制我称为"战略之轮"的画布（见图 6-3）。

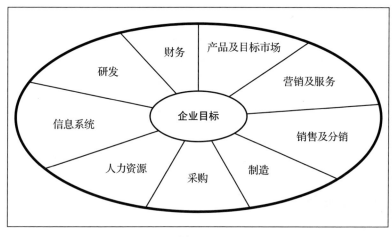

图　6-3

从第五章介绍的古驰案例可以看出，战略之轮能揭示竞争中的制胜之道。位于中心的企业目标阐明了企业的存在意义，即企业的独特之处、过人之处。四周的企业活动和资源组合则代表着促使目标达成的各类要素。布莱顿收藏公司的战略之轮便十分清晰（见图 6-4）。

不同企业的价值创造体系各不相同，战略之轮也迥然各异，这是因为每家企业都有各自的企业目标，会通过不同的经营活动来达成企业目标。战略之轮各板块的"小标题"，会根据企业情况而不同，例如，也许"研发"对某家企业而言十分重要，但对另一家企业来说，根本不会出现在战略之轮上。

绘制战略之轮并不是让你"勾选答案"或"填满轮子中心周围的空白"。重点是，你要花时间对企业进行深入思考，努力明晰企业的现有资源，更重要的是，构想企业所需的资源。将企业在财务、人力资源、研发和其他方面的需要机械地罗列出来并没有太大帮助。如果只是列举围绕平庸的目标而展开的一系列平庸的活动，你并不会因此改善企业的境遇。

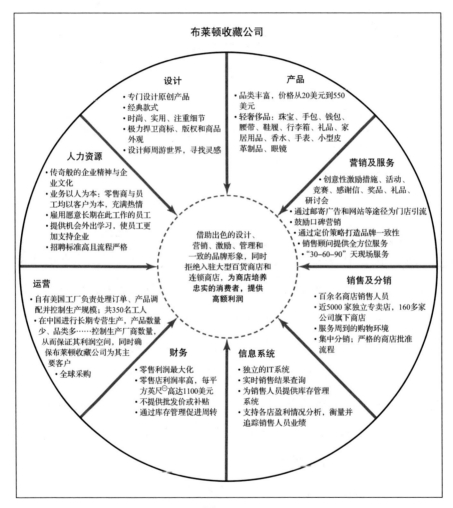

图　6-4

〇　1 平方英尺 ≈ 0.0929 平方米。

在理想状态下，这一过程与拼拼图十分类似。每一个板块都要与其他板块相契合，共同勾画出企业的轮廓。只有坚定自信、大胆创新，才能从中受益。你要思考的是：何为制胜之道？如何充分发挥其作用？对某一类目标客户来说，我们有哪些做法可以改善？在不断思考完善的过程中，你不仅要逐渐发现自己的优势与不足，还要慢慢明确企业的独特之处。从客户基础到企业服务，究竟是哪个方面使你领先于人，又是哪个方面能助你脱颖而出？

菲律宾企业主阿玛布尔·阿吉鲁兹九世（Amable Aguiluz IX）被人称为"米格尔"（Miguel）。在绘制战略之轮的过程中，他逐渐全面审视自己的企业。2002 年，阿吉鲁兹建立了 Ink for Less，提供打印机墨盒的平价替代品。彼时的菲律宾，人均收入仅为 2600 美元左右，这种平价替代品正是市场迫切需要的产品。现在，这家企业的产品品类十分丰富，包括各类墨盒、墨水、墨粉、DIY 墨水补充套装、连续供墨系统，还有其他相关的产品和服务。Ink for Less 已经成为菲律宾最大的墨水产品供应商，拥有 600 多家批发商店，特许经销商数量也在不断增加。

阿吉鲁兹的战略之轮的中心，是精心设计、表述清晰的企业目标：随时随地，可信可靠，以平价提供优质墨盒补充装及墨盒更换服务。阿吉鲁兹围绕这一目标建立体系，思考企业的每个要素如何服务这一目标。毫无疑问，定价策略至关重要。客户会花费 6～8 美元来灌装原价 25～30 美元的墨盒，或者花费约 16 美元灌装原价为 75 美元的墨盒。阿吉鲁兹对与成本相关的物流等要素非常重视，他的企业员工遍访亚洲，寻找质优价廉的墨水。阿吉鲁兹说："企业刚刚起步时，墨水的购买尚且以瓶为单位计数。现在，我们每月需要购买的墨水量为15吨。批量购买的优势，让我拥有了与供应商谈判的能力。"此外，销售成本也非常重要，阿吉鲁兹努力将其控制为一位数。严格的成本控制使阿吉鲁兹得以进一步压低售价，主动应对竞争威胁。当澳大利亚连锁企业的特许经销商进入市场参与竞争时，阿吉鲁兹便可以在其附近的店铺大幅降价，以应对竞争。

为墨盒补充墨水的技术含量并不高，但阿吉鲁兹意识到，产品研发是企业战略的基石，没有产品研发，他便无法与打印机生产企业竞争，也无法对抗可能更加平价的夫妻店。比如，打印机生产企业试图阻止人们重新灌装墨水的行为，它们不断改进墨盒设计，改变甚至隐藏墨水灌装口的位置。为了应对这一情况，阿吉鲁兹的研发团队不断购买新上市的打印机和墨盒，对其进行逆向拆解，探明其结构。有的打印机会加装芯片，使装了重新灌装墨水的墨盒的打印机无法开机。面对这种情况，阿吉鲁兹的研发团队与亚洲地区的供应商共同研究，思考如何安装破解芯片，使安装重新灌装墨水的墨盒的打印机继续工作。这些努力不仅使 Ink for Less 长盛不衰，而且使他们能以更优质的服务胜过市场上更为青涩的竞争者。经常有人为他们送来产品手册或视频，提醒店铺的经理和技术人员注意新推出的墨盒和技术，使他们不会被客户带来的设备难倒。

随着时间的推移，阿吉鲁兹及其员工基于一系列经营活动，兑现了战略之轮的每一个板块。他们也时常反省，时时改变，使 Ink for Less 在市场上的领先优势得以保持甚至扩大（见图 6-5）。阿吉鲁兹自己经常重新审视战略之轮，有时甚至会花一整天的时间来思考改变某一个决策（如定价）。他也会分板块逐个审视，思考是否需要进行局部调整以适应全局发展。

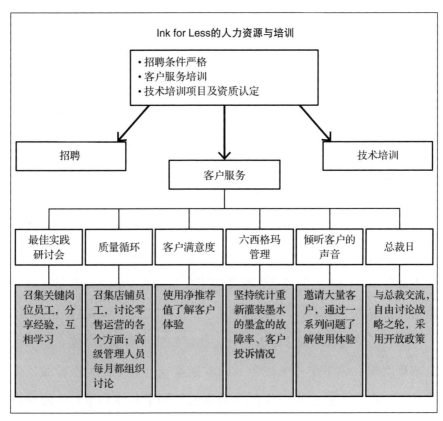

图 6-5

阿吉鲁兹的激情没有白费。2008 年，菲律宾国际青年商会将阿吉鲁兹誉为年度"青年创意企业主"。过去 9 年，Ink for Less 的销售额年均增长 15%，利润率增长速度更快。Ink for Less 不仅为企业自身创造了价值，也使客户从中受益。如果没有 Ink for Less，客户便不可能享受到这些利好。

了解现状

关于如何绘制战略之轮，你可能已经有了很多想法，但请务必慎重！各行各业都有人曾经误入歧途，这是因为他们未经检验就将设想付诸实践。在战略层面，这种做法往往会导致灾难。即使你自诩对情况了如指掌，检验时也一定要严格审慎。

将企业目标与价值创造体系相联结时，尤其要提防这一错误。价值创造体系的设计确实能够达成预想目标吗？实际运转时效果如何？很多企业高管声称自己走的是高端、差异化的道路，希望为客户提供价格适中、质量超群的产品及服务，以脱颖而出。他们罗列了各种因素，却唯独没有考虑客户的认同度，没有考虑客户是否愿意为其产品及服务支付溢价。还记得毛里齐奥·古驰犯下的错误吗？他将企业的未来寄托于高端产品的发展，却流失了大量的客户。显而易见，提高价格和吸引客户之间并没有必然联系。

要想评估目前的做法是否奏效，你需要检视数据和事实，而非完全依赖直觉。你将企业定位为低成本企业或高价产品生产者的依据是什么？在经营过程中，为产品增值的是哪个具体环节？你的观点是否有事实做支撑？支撑来自对驱动绩效的主要因素的内部流程评估，还是销售数据、利润率、市场份额、投资回报率等结果导向的数据？

看看沃尔特·德·马托斯（Walter de Mattos）是怎么做的。他来自巴西，是一位资深记者，于 1997 年建立了兰斯运动集团（Lance！Sports Group），希望报道本国球迷对自家球队的支持。他们的双城发行的体育日报逐渐发展出 5 种版本，在杂志、电视、手机移动端及互联网等渠道宣发。兰斯在巴西国内赢得关注，成为最大的体育新闻机构，也是巴西体育界的权威媒体。

在德·马托斯的战略之轮中，各个板块互相支持、互相加强。记者身兼数职，向多个平台提供独家信息，吸引更多读者，而更大的读者群体能吸引区域内甚至全国范围内的广告商。足球报道的广度和深度、报纸的发行量都抬高了行业准入门槛，使竞争者难以进入市场。为了集中资源发挥优势，同时控制成本，德·马托斯将报纸的发行外包给了一家设计公司。

德·马托斯会对整个体系的每一个独立板块进行评估，同时关注具体数据，包括预计每周读者人数（2011 年为 230 万人）、网站独立访客数量（每天 75 万人次，包含重复访问者）以及每篇报道的平均成本等。由于信息在互联网、印刷品、视频等载体上共享，集团的成本低于从事单一业务的电视制作方或报纸出版方。过去 5 年中，兰斯成了巴西媒体企业中增长速度最快、投资回报率最高的企业。

在企业数据中，你能得到哪些与战略相关的线索？这些数据与你的设想是否一致？从数据上看，你的计划是否已经奏效？

全部整合

建立企业目标，据此整合经营活动和资源，并对结果进行检验——内部的工作流程就完成了。接下来，你可以将企业战略整理为一份陈述，据此与企业员工和外部人士沟通。语言风格和格式排版都不重要，最重要的是用翔实鲜活的语言阐明企业的独特之处和优势所在。

下面是 3 个著名组织的战略陈述，它们都能给人留下深刻的印象。你能判断出它们分别来自哪个组织吗？

一家酒店经营企业：

_____致力于通过不断创新，以最高的服务标准，提供完美的旅行体验。_____环境优雅，服务周到，贴心细致，提供全天候个性化服务，为向往完美的旅客提供家一般的感受。对_____的员工来说，企业文化深植于心，外显于行。整个企业目标一致，努力提供最好的服务。

1960 年成立之初，_____的发展目标便十分清晰——在全球各大城市中心和旅游胜地建设酒店。目前，_____在 31 个国家拥有 75 家酒店，还有 31 家酒店正在建设当中。_____将继续以创新型发展引领酒店行业，为商旅人士提供便捷，为离家出游提供舒适。

_____

一份期刊：

_____，1843 年创办于伦敦的国际新闻及商业期刊，对全球新闻进行清晰的报道、评论和分析，话题涵盖商业、金融、科技、文化、社会、媒体、艺术等方面。正如目录页所写，＿＿＿＿＿＿的目标是"在推动前进的智慧和阻碍进步的胆怯无知之间展开较量时，投身其中"。＿＿＿＿＿＿目前在5个国家出版发行，全球发行量超过100万份，成为全球政治领导者和商界领袖的首选读物。

＿＿＿＿＿

额外的文件描述了该期刊的编辑政策，包括强烈捍卫新闻自由和坚持隐去作者身份。坚持不署名，是因为"集体的声音和形象比作者的个人身份更加重要"。

一家公益机构：

＿＿＿＿＿＿是一家国际媒体人道主义机构，由医生与记者共同创立……时至今日，＿＿＿＿＿已为60多个国家的人民提供了独立、公平的援助，帮助他们对抗武装冲突、流行病、营养不良、医疗资源短缺、自然灾害等问题导致的暴力、忽视和灾难……＿＿＿＿＿＿保留了自由发声的权利，呼吁人们关注被忽略的危机、应对援助体系的缺陷及资源滥用，推动医疗条件和制度的改善。

＿＿＿＿＿

看到这些标志性的语言，也许你已经认出，以上表述分别来自四季酒店（Four Seasons Resorts），《经济学人》（ *The Economist* ）和无国界医生（Doctors Without Borders）。"最高的服务标准""智慧和胆怯无知之间的较量"和"独立、公平的援助"，都与这些名字紧密相关。此外，表述还定义了组织的优势、组织存在的意义以及组织的核心举措。

于全球经营的酒店不胜枚举，但四季酒店将服务文化作为特色，在战略层面脱颖而出。在全球范围内发行的期刊不计其数，但多数期刊逐渐式微，《经济学人》却能以其独立的姿态、深刻的评论和及时的报道在业内站稳脚跟。无国界医生在陈述中明确提出，这家曾获诺贝尔和平奖的组织不仅仅提供独立、公平的医疗援助，更呼吁对现状做出改变。

如果将这一工作进一步细化，那么好的战略陈述应当包括企业目标、竞争方式及独特优势，并对"做什么？"和"怎么做？"这两个最基本的问题做出回答。

- 服务对象是谁？
- 提供何种产品或服务？
- 独特或出色之处在哪？
- 可以依赖哪些资源？

好的战略陈述应当具有以下特点。

- 长度适中，言简意赅。
- 明确具体。

- 说明企业的经营范围和存在的意义，使其他人不必死记原文也能总结复述。
- 避免"业内最优""同类最佳"等老生常谈之言，避免"优秀""专业""授权"等模糊表述。
- 语气肯定，但不浮夸或自大。
- 辨识度高。

战略陈述要简洁（简洁让语言不得不直截了当），而不要用空洞浮夸的语言七拼八凑。每一个字都要有意义，要字斟句酌。长句子和模糊的语言反而会干扰对最重要内容的表达，它们不仅毫无助益，还可能产生误导或干扰。

如果你认为自己的企业战略过于复杂，无法用一两个段落总结，这可能说明战略本身不够清晰，或是措辞有些繁复。

毫无疑问，写出简明扼要的战略陈述并非易事。一位编辑曾经要求马克·吐温在两天之内写一篇两页的短篇小说，马克·吐温略显夸张地回答道："两天写两页不可能。两天只能写出 30 页，需要 30 天才能写出两页。"即使语言足够简洁，简明清晰的战略陈述依然需要反复修改和打磨。

除此之外，战略陈述的语言质量并非我们关注的重点，准确把握企业特色的优质陈述才是最终目标。你反复修改，写成战略陈述后，请务必多找些读者。除了身边的员工和熟知企业的人之外，也要请一些对企业不太了解的朋友读一读这份陈述。请读者用自己的语言进行复述，如果你发现读者的复述与你最初的想法不一致，请不要感到惊讶，这是非常有益的反馈。你的战略陈述应当能够"自行传播"，要让你的读者（员工、客户、投资者或企业网站的访客）无须额外的解释或培训就能理解其"真正的含义"。

"我知道你认为你听懂了我的话，但你是否意识到，
你听到的话并非我想说的话……"

下面是德·马托斯为兰斯写下的战略陈述。

　　我们要成为全天 24 小时播放体育新闻的优质媒体，面向年轻、热情的巴西男性体育迷。我们的优势有：

- 拥有 300 名身兼数职的体育记者，提供独家内容。
- 利用最新技术，内容覆盖所有媒体渠道，包括纸质媒体、互联网、手机移动端、网络电视及网络广播。

- 利用炫酷的设计推广兰斯的所有产品。
- 围绕强大的核心品牌"兰斯"展开运营。
- 成为投资回报率最高的巴西媒体集团。

———

阿吉鲁兹为 Ink for Less 所写的战略陈述有着截然不同的风格。

Ink for Less 希望成为规模最大、盈利能力最强的专业墨水产品企业。我们的特点是：

- 最优质、最先进的墨水产品和服务。
- 合理的价格。
- 面向既重质量又重价格的个人计算机用户、中小企业及政府机构。
- 墨水商店位置便利，遍布菲律宾及亚洲各国的主要城镇。

———

如果你对自己的企业战略或战略陈述尚不满意，请继续修改。好的战略陈述必定脱胎于不尽人意的陈述草稿。通常情况下，仅仅推敲措辞是不够的，你要做的是"推敲战略"。因为华丽的语言并非你的目标，强势深刻的战略才是。与其他类型的写作一样，文字本身通常不是挑战所在，真正的挑战在于文字背后的思维。

伟大战略的特点

基于清晰有力的企业目标

有人说，"如果不知自己去向何方，便不存在到达之路"。每个企业都要有其存在的意义，你的企业存在的意义是什么？

创造实际价值

有了重要特色，企业才能创造价值。这样的企业一旦消失，必将被人怀念。你的企业呢？

选择清晰

卓越来自向着明确的目标努力。同时尝试做太多事情，反而什么都难以做好。你的企业决定做什么，不做什么？

量身定制价值创造体系

践行理念的第一步，是将理念转化为体系，使各项措施相互匹配、相互支持。你的企业是这样的吗？对大多数企业而言，真实的答案都是否定的。

数据有意义

投资回报率等全球通用的测量指标可以说明一项企业战略是否奏效，但与战略相匹配的核心绩效驱动因素才是更好的衡量指标。因为这些因素将长远目标拆解为具体的、可衡量的小目标，并且能够指引企业的前进方向。

> **富有激情**
>
> 这是一个弹性概念，却是每一个伟大战略的核心。即使是最平凡的行业，能够脱颖而出的企业也必然对所处行业极其重视。

前方的路

前面的练习应该已经帮助你厘清了思路，使你客观、严格地检视了自己的企业。

如果你对自己足够诚实，那么你的分析应该已经暴露了需要解决的问题。暴露问题正是领导者兼战略家的基本工作。有些问题可能很严重，你可能需要重新配置企业内部的各个部分，或者为企业找到新的特色。有时候，你可能痛苦地意识到，自己需要放弃企业的一部分业务甚至全部业务。不论原因是什么，当你与企业心意相连时，这样的决定尤其艰难。

当泰勒在2008年经济衰退时期重新评估自己的房地产事业时，他面临着同样的问题。多年之前，他的企业增长到了一定规模，无法再借助家人和朋友的力量，但还不足以吸引机构投资者。为此，泰勒建立了经纪交易业务，为房地产收购提供资金。他获得了证券经营许可，向投资者让渡权益，为企业的发展筹措到了2500万美元。"我那时别无选择。"泰勒这样说。

与其他许多企业一样，面临萧条的经济，AmREIT不得不缩小规模。那时，泰勒已经吸引到了公共领域和大型金融公司的资金，经纪交易业务已无法再为企业提供任何战略优势。此外，这部分业务还占用了本可以投入其他领域获取盈利的资金。即便如此，泰勒在情感上依然难以割舍，"支持我们发展至今的，正是这一部分业务"。

低迷的经济和对企业战略的梳理最终使泰勒下定决心，停止经济交易业务。"这是我所做过的最艰难的决定，"他说，"这是旅程的必经之路……它让我感到恐慌，也让我得以成长。"

无独有偶，阿吉鲁兹发现，思考取舍的过程能巩固新的战略增长点。许多大型企业都曾邀请阿吉鲁兹参与墨水补充项目，他由此想出了"Ink for Less 专业版"的计划。起初，他想要将其作为 Ink for Less 的补充业务，但深思熟虑后，他认为，如果没有新的体系，随后进入市场的竞争对手便可以专注于服务企业客户，这会削弱自己的力量。

讲述你的故事：战略家犯过的错误

经过仔细打磨的企业战略和精准的战略陈述能够为企业指明方向，确立工作重点，引导企业活动，也能够帮助外部人士更好地理解企业的故事。薄弱的企业战略和疲软的战略陈述则会适得其反。以下是需要避免的错误。

1.战略陈述过于宽泛

简单地说明企业处于图书出版行业、钢铁制造行业或体育营销行业是远远不够的。你们在业内的独特之处是什么？你要问问自己：如果客户读到了你们的战略陈述，他们能否认出你的企业？你的员工能否认出企业的战略陈述？皮克斯的战略陈述中并没有提到电影制作，而是提到该企业致力于开发"计算机动画绘制电影，打造难忘的人物和暖心的故事，吸引所有年龄段的观众"。

2. 不肯做出取舍

你的企业不可能满足所有人的所有需求。某些薄弱的战略和疲软的战略陈述看似可以实现，但实际是不可能的。

3. 空洞的套话

没有事实细节做支撑的宏大叙述是空洞无力的。"卓越领先""出色"等词不包含任何具体信息。能够精准、具体地描述企业本质的战略陈述才是能取信于人的。

4. 对具体手段避而不谈

很多疲软的战略陈述急切想要阐明"做什么？"，却忽略了"怎么做？"，忽略了使企业落实竞争优势的核心活动与资源。读者对于企业的信心，最终建立于"怎么做？"这一问题的答案。下面两种陈述，你觉得哪种更具说服力？"我们是低成本生产企业"还是"我们使用杜邦专有技术，拥有全球最大的二氧化钛工厂，是一家低成本生产企业"？

5. 客户定位缺失

服务对象也是企业故事的一个重要部分。服务对象不仅仅决定了企业的竞争领域，也是企业存在的意义的最终决定者。

6. 语言平淡无聊

　　事实上，很多战略陈述的最初版本都十分冗长，缺乏说服力，缺乏感染力。试着问问自己：你愿意在这家企业工作吗？你愿意从这家企业购买产品或服务吗？

　　阿吉鲁兹为"Ink for Less 专业版"设计战略之轮时，突然意识到一件事：对专业版来说，战略之轮的某些板块和板块包含的某些活动可能需要大幅调整。例如，员工的外表必须更加专业，甚至需要打领带、着工装；需要提供新的付款方式，以适应企业的采购系统。为了提供更好的服务，打造企业特色，阿吉鲁兹决定为每位客户配备一名"墨水补充技术专员"，随时准备听候客户差遣。这样一来，便可以据此划分产品和服务的定价层次。他还免费为企业提供打印机，与企业签订为期两年的墨水补充协议，希望赢得市场优势。这样的协议不仅足以覆盖打印机的设备费用，还能够将竞争者逐出市场。目前，专业版业务已经起步，开始发展。

　　这种思考方式已经成为阿吉鲁兹的一种本能。他说，"战略之轮并非为了印发宣传册而绘，我每次想到新的业务板块，都会绘制战略之轮，使自己理解如何建立优势"。每当业务发生变化时，或每当企业面临新的竞争或挑战时，他都会回顾战略之轮，检视整个体系，因为体系中各板块的显著变化都有可能对其他部分产生影响。

事实上，如果这一体系运转良好，清晰的企业战略就能像北极星一样指引企业发展，使其在竞争的狂风中找到正确的方向。在兰斯，德·马托斯发现，市场份额和利润并不足以帮助企业全面规避竞争。巴西是 2014 年世界杯的主办国，还将主办 2016 年奥运会。这两项赛事对兰斯来说都是梦寐以求的机会，但出现了许多新的竞争对手对赛事进行报道，与兰斯争夺有限的广告赞助。

人们的习惯也在改变。德·马托斯的企业一直依赖专业记者团队的优质报道，但通过对读者上网习惯的观察，德·马托斯发现，"人们在短短 10 分钟之内，可能会浏览七八家媒体的新闻"。大量快速阅读新闻的后果是，读者可能根本记不住任何内容，更记不住新闻来源。"看到这种趋势时，你就会质疑自己的判断，就会重新思考人们想要的究竟是什么样的信息。"他说，"我最近陷入了深深的自我怀疑。"

他说，"类似的事情在周围发生时，你就会面临诱惑，想更改企业战略"。但德·马托斯认为，当前无须进行根本性变革。他对战略之轮的财务、人力资源和技术等板块的所谓的"缝隙"进行了微调，从而巩固了兰斯的实力。兰斯依然致力于覆盖所有媒体平台，为巴西民众提供全天 24 小时的优质体育新闻资讯。

如果你的企业战略构想合理、精准到位，那么它将会带领你穿过动荡的市场和充斥竞争的挑战，进入新的领域。你将会了解自己需要积累哪些资源，又需要抛弃哪些负担。更重要的是，一旦将企业目标置于战略思维的中心，你就会发现，自己看待机会的角度发生了变化。你将会下意识地思考，新的商业机会、新的客户或新的产品能否创造价值，与当下的目标是否契合，能否受益于目前的业务，又能否促进目前的业务。直到此时，才可以说，你真正地拥有了属于自己的战略。

即便如此，你仍需不断调整。经济形势、行业情况甚至企业状况的变化，都需要你重新思考发展方式，甚至创造新的发展路径。在下一章中，你将会发现，战略家的工作永远没有尽头。

第七章

保持活力

你将企业战略付诸文字，精雕细琢、反复修改、耐心打磨，直至最终完成，那一刻你一定充满了成就感。你拥有了制胜之策，确定了方向，找到了动力。艰难的战略制定过程后，大多数领导者会长舒一口气，放松下来。我知道，很多人认为他们已经大功告成："解决方案找到了，我成功了。只剩战略落实最后一步了。"

大家会这样想，我一点儿也不意外。在流行的观念中，战略家的工作仅限于制定清晰严密的战略，以待落实。一旦确定了战略理念，明确了下一步举措，问题就算是解决了。但请不要满足于此！我对EOP培训项目的学员也会提出同样的警告。通常情况下，企业战略的落实都不会一帆风顺，总会出现很多新的细微抉择，或是或好或坏的突发状况。此外，人与人之间的沟通和理解也不可能完全畅通无阻。英国著名作家奥斯卡·王尔德（Oscar Wilde）有一句妙语："只有肤浅的人才能完全了解自己。"从本质上讲，企业战略与人心一样，都有神秘莫测的一面。

战略家的任务，就是解密企业战略。有时，战略家需要将某个观点阐释清楚；有时，战略家需要帮助某个组织将理念落实为行动（例如，"行业内最佳"对企业究竟意味着什么？如何评估企业活动？）；有时，战略家要做的不止于此，他们还要对企业战略中的要素进行重塑，补齐缺失的环节，或是重新考量不再适合企业的活动。

有人认为战略家只要恰当完成前期分析，其主要任务就已经完成，这种想法过于简单，甚至有些危险。耐克、丰田、亚马逊等知名企业都是不断发展、不断变化的。优秀的企业战略也是如此。即使是令人信服、表述清晰的企业战略，也无法为企业长期的繁荣发展提供持续、充足的指引。

宜家之所以能够遍布全球，依靠的不是裹足不前，而是在几十年的时间里不断改良设计、推动客户价值发展。古驰在失误后浴火重生，重新定义了时尚的品牌形象。然而，谈到动态战略这一概念时，我更喜欢深入挖掘苹果公司背后的故事。苹果公司的成长迅速、变革彻底，堪称过去 30 年间成长最快、变革程度最深的企业。

在此期间，我一直关注着苹果公司的发展，也曾与许多高管无数次地探讨苹果公司的高光时刻和不明智决策。[1] 随着时间的推移，曾不绝于耳的对苹果公司的赞誉之声逐渐消失，取而代之的是激烈的尖锐批评，我们的讨论主题也发生了大幅改变。但不管怎样，苹果公司总能激发人们的强烈情感。

苹果公司的发展之路和史蒂夫·乔布斯（Steve Jobs）本人的经历都能够给我们很多启示。乔布斯作为出类拔萃而又富于争议的领导者，做出的决策有时明智，有时愚钝。他任苹果公司掌门人的经历虽时有中断，但在任时长足以使他塑造并改变整个企业。苹果公司逐步发展过程中的核心理念促使我们重新思考企业战略方面老生常谈的基本问题，并促使我们针对企业战略的本质提出疑问：企业战略是为了达成怎样的结果？

许多学者、风险投资者和领导者常说，企业战略旨在为企业提供长期、可持续的竞争优势，慢慢积累，将竞争对手远远落下。对于商学院案例、分析报告和令人信服的商业计划，人们经常会问：企业的战略目标是否达成？企业是否拥有王牌应用软件、稳固的优势和可持续的竞争优势？乔布斯和苹果公司的故事让我们开始认真地质疑这一愿景，我们提出了不同的问题：企业如何才能经久不衰？这对战略家来说意味着什么？

向前一大步

乔布斯和史蒂夫·沃兹尼亚克（Steve Wozniak）联合创立了苹果公司，彼时苹果公司并没有企业战略陈述。其实，企业创立伊始，两人并没有太大的野心，他们那时只希望能为后来成为 Apple Ⅰ "心脏"的沃兹尼亚克手工制作的电路板找到买家。风险投资者唐·瓦伦丁（Don Valentine）还记得，自己早年与两人见面时，他们的目标是一年销售几千块电路板。唐·瓦伦丁说："那时他们的想法并没有任何宏大之处。"[2]

3 年后，苹果公司的事业开始腾飞，类似战略陈述的表述才开始成形。1980 年的苹果公司年报中写道："我们相信，让个体接触科技是这 10 年中最重要的业务。"沃兹尼亚克和乔布斯并未在技术方面一味求新，他们要做的是特殊的独一无二的产品。用乔布斯的话来说，他们要做的是"疯狂而伟大"的产品。[3]

　　讲到这里时，我会提醒学员，在计算机的世界里，20 世纪 70 年代末的事已经是几代以前的事了。那时，IBM 还在生产大型机，其他计算机产品都只有计算机迷才会问津，而苹果公司于 1977 年推出的 Apple Ⅱ 是继一代原型机后推出的第一款真正的产品，面向所有的普通用户。这是第一台可以开箱即用的独立计算机，拥有彩色显示屏和内置扬声器，既能玩游戏，也能处理文字。它的流线型塑料外壳在今天看来可能有些廉价，但与当时计算机迷普遍使用的粗糙金属外壳相比，的确是设计上的一大进步。乔布斯极其注重细节，还专门去旧金山的梅西百货研究了那里出售的电器和音响，进一步完善了苹果计算机的设计。[4]

　　次年，苹果公司进行了重要的新品发布，率先推出了装有内置软盘驱动器的计算机，放弃了传统机型中笨重且不稳定的磁带驱动器。[5]计算机用户得以方便地存储自己的作品，真正的计算机软件也被写入软盘出售。1979 年，软盘驱动器的价值进一步凸显，因为苹果公司推出了世界上第一套安装在个人计算机上的电子表格软件 VisiCalc，这使苹果计算机在功能方面拥有了明显的优势，超过了 Adams、康懋达（Commodore）、德州仪器（Texas Instruments）、睿侠（Radio Shacks）等公司推出的新机型。[6]

　　在个人计算机这个新兴领域，苹果公司具有重要的特色。通过投资技术领域，发力核心目标和战略优势，苹果公司希望为消费者提供持久的价值。

消费者对此十分买账。苹果计算机的精妙设计和便捷操作在消费者中掀起了一阵狂潮。截止到 1980 年 9 月，Apple Ⅱ 总共售出 13 万台。[7] 华尔街也为之感到震惊。1978 年，风险投资者为苹果公司估值 300 万美元。1980 年年底，上市不足一个月的苹果公司坐拥 18 亿美元市值，甚至超过了大通曼哈顿银行（Chase Manhattan Bank）和福特汽车公司（Ford Motor Company）的市值，是沃兹尼亚克的父亲所供职的洛克希德公司（Lockheed Corporation）市值的 4 倍。[8]

苹果公司在技术和设计方面都很有灵气，但在战略和运营方面显得捉襟见肘。沃兹尼亚克是设备制造天才，乔布斯拥有无限的精力和敏锐的时尚感，但两人都不懂管理，也没有相关经验。乔布斯以不安分的性格而著称。一位苹果公司前任高管曾评价道："（乔布斯）常常掀起很多风浪。他喜欢像蜂鸟一样，以 90 英里的时速飞来飞去。"[9] 乔布斯的性格是出了名的难对付：他会打断别人讲话，拒绝倾听，还会爽约、食言。[10] 苹果公司虽然引入了专业的管理者来管理企业发展，但究竟由谁发号施令，由谁来掌握权力，这界限并不清晰。

与此同时，计算机行业发展飞速，日新月异，制造商竞相更新功能、扩大内存、加速处理器、升级软件，推出更强大的计算机。为了保持领先地位，苹果公司于 1980 年夏天火速推出了 Apple Ⅲ，这款计算机没有完成全部测试便被投向市场，甚至很多验证都尚未完成。它在软件上几乎没有新的亮点，还经常出现技术故障。当时对苹果公司倍加关注的科技媒体迫不及待地报道了这一情况。[11] 这是苹果公司第一次出现重大败笔。

此时，苹果公司面临着创立以来最强大的竞争对手：庞大的 IBM。
IBM 起初并未急于进入市场，而是等到个人计算机的各个零部件都已
发展成熟，足以真正投入商业使用时，才采取行动。为了迅速赶超业
内同行，IBM 与其他行业的企业展开了密切合作：与刚刚起步的微软
合作，获取操作系统；与英特尔合作，获取计算机处理器；与其他企
业合作，获取存储芯片和磁盘驱动器。IBM 计算机也许永远不会像苹
果计算机一样，拥有优雅的设计和尖端的科技，但胜在实用，而且有
IBM 这样可靠知名的企业声誉作为后盾。

乔布斯在专利保护方面的嗅觉十分敏锐，他对苹果公司的独家
技术加以保护，拒绝与他人分享。这种思维使苹果公司在众多竞争
者中脱颖而出，保持了长达 20 年的领先地位。与其形成鲜明对比的
是，IBM 选择了开放式系统，鼓励软件开发者编写各类文字处理、计
算、会计和数据处理软件，希望以此巩固用户对其计算机设备的依
赖。开放式系统必然会导致模仿者的跟随，但 IBM 认为其企业品牌
和信誉足以使自己立于不败之地。这一观点在一段时间内确实有其
道理。

那时发生的一件事情便很能说明问题。1981 年，乔布斯曾与微软
的比尔·盖茨（Bill Gates）和保罗·艾伦（Paul Allen）会面，乔布斯
与盖茨就个人计算机的未来走势展开了激烈争论。乔布斯认为个人计
算机将会成为学生和个人用户的重要工具，商业用户也会占据一定比
例。但盖茨坚持认为，个人计算机最重要的作用是满足商业领域的需
求，是实用的工具，旨在提高商业场所的运营效率。[12]

接下来的日子里，两人截然不同的理念引领着各自的企业走上了

不同的发展道路。回望历史,我们自然知道这两种理念的不同结局。但在当时的市场背景下,苹果公司的市场份额遥遥领先,拥有最先进的操作系统专利,还有不断增长的粉丝群体。坐拥这些优势和极高的股价,你是否会选择向其他开发者开源?你是否会像盖茨和IBM那样,相信实用的商业计算机才是世界市场所需要的产品?你是否会像年轻的乔布斯一样,理想化地希望通过技术改变世界,选择坚持自己的道路,生产设计优雅、技术先进的产品?

卖不出去的疯狂科技

苹果公司选择了坚持自我。在企业内部,一个团队为 Apple Ⅲ善后;一个团队专注研发面向中端用户的麦金塔计算机(Macintosh,Mac);一个团队致力于研发高端的革命性计算机,这款产品被命名为 Lisa,有人认为此名取自乔布斯的女儿。Apple Lisa 于 1983 年隆重面世,是当时的技术杰作。那时的个人计算机一次只能运行一个程序,连接一台显示器,用户以代码的形式下达指令,但 Apple Lisa 颠覆了这种复杂的操作。作为第一台使用鼠标操作的计算机,它使用的是"图形用户界面"(这是计算机专业人员的术语,指的是可以用鼠标点击选项菜单)。这一技术使计算机的功能更加强大,操作更加便捷,用户可以同时运行多个程序,编辑多个文件。这一飞跃为用户提供了更多可能性,足以使计算机迷激动不已。

然而,作为一款商业产品,Apple Lisa 的命运十分凄惨。苹果公司斥资 5000 万美元、耗费 200 人年的工作量研发了 Apple Lisa,却没有为其设计清晰的市场定位。Apple Lisa 的所有软件都由苹果公司编写，但这些软件无法与 Apple Ⅱ 或 IBM 设备兼容。在该计算机的出厂配置中，只包含了少量的核心软件。此外，Apple Lisa 的各项配置使其运行速度极慢，售价却被抬到了夸张的 1 万美元。[13]

炫酷的技术若是无人问津，也很难改变世界。Apple Lisa "是一款了不起的设备，但是有价无市"。苹果公司的人机交互专家布鲁斯·托格纳兹尼（Bruce Tognazzini）这样说。[14]

乔布斯本人在 Apple Lisa 的研发过程中，总是引起纷争、制造混乱，因此在中途被逐出了 Apple Lisa 项目，转而加入 Mac 的研发。因为 Mac 的研发在另一处地点进行，这样可以将乔布斯与其他的企业员工分隔开来。尽管乔布斯十分失望，但依然"满怀激情地出发，希望将 Mac 打造成下一款开创性的计算机"。[15]

然而，乔布斯的雄心壮志还未实现，就不得不面对另一个管理方面的挑战：由于 Apple Ⅲ 销售业绩惨淡，在随后一轮的裁员中，苹果公司总裁引咎辞职，乔布斯需要为其寻找继任者。在这一轮高管洗牌中，乔布斯成了苹果公司的董事长，并与约翰·斯卡利（John Sculley）恳谈几个月之久，亲自请他出任总裁。斯卡利为百事公司前总裁，曾带领百事公司超过可口可乐公司，成为美国最大的软饮料公司。据传，乔布斯最终打动斯卡利的，是这样一个问题："你的余生，是想用来售卖糖水，还是想要抓住机会去改变世界？"[16] 在乔布斯心中，苹果公司的企业目标无比清晰。

斯卡利的加入正是时候，他帮助苹果公司于 1984 年推出了 Mac。Mac 的首秀十分隆重，苹果公司还专门在超级碗的赛场上利用广告为其造势。彼时，IBM 及其追随者依然在使用笨拙的 DOS 命令，Mac 却提供了优雅简洁的图像显示、鼠标操作和更多的可能性。

然而，Mac 依然需要努力，其销量和口碑都不温不火。这款计算机定价高达 2495 美元，但系统运行速度很慢，与微软磁盘操作系统不兼容，而且缺少很多软件。相比之下，大量的可用程序使得 IBM 计算机越来越好用。苹果公司遭遇了史上最为严峻的一次危机：它的竞争优势和独特的企业目标正在慢慢消失。很快，苹果公司遭遇了首次季度亏损，计划裁员 1/5。

乔布斯，这位精力充沛的理想家，并没有尽到他的职责。此外，他和斯卡利在苹果公司的发展战略上产生了严重的分歧。斯卡利在回忆录中记载，乔布斯认为，"苹果公司要成为一家出色的消费品企业"。但在 20 世纪 80 年代中期，正在经历爆炸式增长的是商业市场，而非消费品市场。斯卡利认为，在当时的情况下，发展消费品业务实属"疯狂的计划"。[17]

乔布斯是一位天才，曾经登上《彭博商业周刊》《时代周刊》等多家杂志的封面，曾为许多用户提供技术先进的产品，却在企业领导者这一职位遭遇滑铁卢。在他治下，苹果公司拥有非凡的创造能力和创新能力，但与行业日益脱节——那时，整个行业都在关注在意成本、追求生产力的商业用户，而非消费品用户。

在董事会的支持下，斯卡利解除了乔布斯所有的运营管理职责。对这位代表苹果公司公众形象的魅力非凡的理想家来说，这无疑是沉重的一击。"我感觉像腹部遭到一记重击，瞬间无法呼吸，"乔布斯向一位记者描述道，"我知道自己还有能力设计伟大的计算机，但苹果公司把这个机会剥夺了。"[18]

当年年底前，乔布斯离开苹果公司，创立了 NeXT 计算机公司。

超级领导者时代

一旦企业创始人失控，往往会有外部领导者介入。但是，所谓的超级领导者能否更好地解读市场？专业高管能否为苹果公司重新建立竞争优势，并修复或重建更有意义的企业目标？

在斯卡利的带领下，苹果公司的创造力也许有所减弱，却建立了更加合理的内部秩序。Mac 的问题得到了妥善解决，为苹果公司赢得了许多死心塌地的支持者。依托于技术领先的打印机等优势，斯卡利使苹果公司在平面设计这一新兴领域一枝独秀，众多用户可以自行设计宣传单、宣传册和专业精致的文件，这在当时还是首创。

苹果公司逐渐打开了学校和平面设计领域的市场，而 IBM 及其追随者的设备成了工作场所的标配。它们生产的计算机并不美观，使用起来也不甚方便，更与新鲜有趣相去甚远，但它们的系统拥有大量软件的支持，能够建立复杂的电子表格、轻松创建复杂文件、抓取海量数据，更重要的是，能够方便地进行设备间的共享。这些强大的计算机构成的网络彻底改革了工作场所的效率，堪称 20 世纪 60 年代大型机出现后最大的变革。

在斯卡利领导下，且随着个人计算机行业开始走向繁荣，Mac 的销量达到 1200 万台，总销售额达到 80 亿美元。在 1983 年斯卡利刚刚加入苹果公司时，其销售额仅为 6 亿美元。[19] 然而，苹果公司的市

场份额在 1984 年年中达到 21.82% 的峰值后便开始下滑。这家曾以创
新为特色的企业依然希望推出引领趋势的产品，但举步维艰。20 世纪
90 年代，轻便式计算机十分流行，但苹果公司推出的首款轻便式计算
机过大过重，时间也太晚。早在奔迈（Palm）和黑莓（BlackBerry）之
前，苹果公司设计了一款名为牛顿（Newton）的掌上计算机，本有机
会开创新的时代，但由于理念过于超前，没能成功。随后，苹果公司
的利润不断下滑。面对日益激烈的价格竞争，斯卡利无计可施，也没
能成功推出新款产品，于是，他于 1993 年黯然离去。[20]

斯卡利的继任者迈克尔·斯平德勒（Michael Spindler）是一位实
干家，曾经使苹果公司在欧洲的业务量涨了 3 倍。斯平德勒上任后便
着手削减成本，宣布苹果公司的产品再也不会出现定价过高的问题。
他着手降低研发费用，提高企业效率，压缩研发周期。斯平德勒还打
破了苹果公司长期以来的专利理念，试图将苹果公司的专利技术授权
开放，但由于仿制产品对苹果公司的销售冲击太大，遂作罢。

斯平德勒没有制定可行的企业目标，也没有建立与之匹配的运营
体系，最终与斯卡利一样，都没能阻止用户的流失。大量用户放弃
苹果公司，转而选择有英特尔处理器和 Windows 操作系统的计算机。
1995 年，《计算机世界》对 140 名计算机系统经理进行了市场调查，
发现现有的 Windows 用户中，没有人考虑购买 Mac，而现有的苹果计
算机用户中，约有一半用户希望购入使用英特尔处理器的个人计算机。[21]
处于绝境的斯平德勒试图将苹果公司出售，但其他的计算机生产商都
已自顾不暇，在不断下降的利润和愈发激烈的全球竞争中挣扎，它们
也不看好苹果公司未来的发展前景。

斯平德勒 3 年后离职。1996 年，公司董事吉尔·阿梅里奥（Gil Amelio）接任，他的在任时间甚至更短。阿梅里奥刚刚接手时，苹果公司处于亏损状态，销售量也在大幅下滑。整个企业的运营状态亟待整顿。曾在用户心中有千斤之重的苹果品牌，正在变得越来越不值一提。微软从苹果公司借鉴了许多优秀的特点，两种类型的计算机在性能方面的差距已经大大地缩小了。

阿梅里奥继任后不久，曾在硅谷的一场鸡尾酒酒会上谈起自己对苹果公司困境的看法。根据当时在场的一位客人回忆，阿梅里奥说："苹果公司就像一艘载着宝物的船，现在船上破了一个洞，已经开始漏水。问题在于，所有的船员都在向不同的方向划船，因此这艘船依然原地不动。我的职责就是使所有人朝同一个方向使劲，这样才能挽救船上的宝物。"

阿梅里奥离开后，这位客人向身边的另一位客人提出了一个显而易见的问题："可是，船上的洞怎么办呢？"[22]

确实，船上的洞怎么办呢？

阿梅里奥确实曾经试图进行修补。他希望通过自己在罗克韦尔国际公司（Rockwell International）和美国国家半导体公司（National Semiconductor）所积累的经验改变现状，他曾采取缩减生产线、裁员、重建企业现金储备等一系列手段。他的战略是带领苹果公司重回高端市场，瞄准利润空间大的细分市场，比如服务器、网络连接设备、掌上计算机等。

但不论苹果公司多么奋力划桨，都无济于事。苹果公司的品牌质量已经遭到质疑，即将年满 10 岁的操作系统也面临着来自 Windows

95 这一竞争对手的猛烈冲击。阿梅里奥决定及时止损，取消下一代 Mac OS 操作系统的研发——苹果公司已经投入了超过 5 亿美元的研发费用，但操作系统的发布却一再推迟。为了解决这一问题，阿梅里奥找到了乔布斯，希望能够获得乔布斯为高端个人计算机和服务器设计的 NeXTstep 软件。1997 年，苹果公司以 4 亿美元的高价收购 NeXT（很多人都认为这个价格近乎荒谬），重新接纳乔布斯为顾问。此后，苹果公司的业绩继续下滑，阿梅里奥本人也饱受指责。截止到 1997 年第一季度，苹果公司在阿梅里奥任期内已经亏损 16 亿美元。董事会以一笔高额的离职补贴将阿梅里奥解雇，随后任命乔布斯为临时首席执行官。[23]

被蚕食的利润

从苹果公司的经历中，战略家能够学到什么？最为重要的教训，来自逐渐消失的企业特色。企业特色自身并无法持续发展，一旦失去特色，企业就失去了船舵，不论多么用力划桨、努力修船，都是于事无补。

美籍奥地利裔经济学家约瑟夫·熊彼特（Joseph Schumpeter）于 20 世纪 40 年代在其著作中提出，这种情况是正常经济周期的组成部分，创新者开辟新的市场，获得巨额利润，即所谓的"经济租金"，作为创新行为的回报。按照熊彼特的描述，这些发展中最强大的力量将带来"创造性破坏"，即震惊世界的创新，将改变市场秩序，进而引发一场竞争。"在这场竞争中，决定性的成本优势或质量优势动摇的并非其他企业的利润空间或产量，而是其业务根基和生存情况。"[24]

　　这种创造性破坏的发展也有周期性规律。首先是概念的发展，随后是商业化推广，就像 Apple Ⅱ 将计算机从爱好者的车库引入千家万户的过程。在此过程中，其他竞争对手也会看到商机并进入市场，从而增加产量、压低价格，直至经济租金完全消失。在下一轮创造性破坏发生之前，行业内的利润几乎不会大幅增加。这就解释了苹果公司迅速推出 Apple Ⅲ、Apple Lisa 和 Mac 的初衷，苹果公司希望能够避免这种来自内部的利润蚕食。

　　然而，使苹果公司陷入困局的创造性破坏并非使其脱颖而出的产品创新，而是市场创新，是 IBM 坚持开源系统而得到的利好，是商业用户和软件开发者带来的标准化进程。起初，IBM 的战略为其带来了高速增长和高额利润，但在不到 20 年的时间里，这种力量将计算机行业从充满活力的高利润行业，变成了充满恶性竞争的价格导向的行业。由于兼容性好、配件标准化程度高，个人计算机几乎已经成为一种日用品，最高效、最便宜的供应商得以占据更多市场。但对于个人计算机生产厂家来说，情况却完全不同。截至 2001 年，业内 96.5% 的利润都掌握在两家供应商手中，它们各自拥有一类稀缺资源。微软控制着业内标准的 MS-DOS 操作系统，英特尔则生产处理器这一核心部件。在此期间，戴尔（Dell）也开始崛起。戴尔的优势并非出类拔萃的产品，而是大规模定制化服务、电子商务渠道发展和出色的供应链管理。[25]

　　接下来的十几年中，很多老牌的竞争者都可能会消失。康柏（Compaq）和捷威（Gateway）已经被收购，IBM 则在世纪之交亏损近 10 亿美元后，于 2004 年将个人计算机业务板块售出。[26] 在这样的背景下，击败苹果公司的敌人与当初击败马斯科集团的敌人，可谓大同小异。它们都输给了顽固丑陋的行业竞争张力。与马努吉安一样，苹果公司的许多领导者都没能尊重行业竞争张力，或是没能完全意识到，不断恶化的行业竞争张力会给苹果公司的未来造成多么大的影响。

简单地说，他们都犯了傲慢的毛病。一位观察家曾评论道："苹果公司的每一个人都坐在那里宣称，'我们是最好的，我们无所不知'。这是他们的企业文化，源自乔布斯，逐渐蔓延至整个企业。"[27] 另外一位观察家注意到，"这种傲慢深入企业内部，影响了业务的方方面面，包括其对待供应商、软件企业和经销商的方式，对待竞争者的态度，以及研发新产品的思路"。[28]

如果企业目标与其所处的竞争环境相一致，并且能够为企业建立重要的特色，目标才具有说服力。倘若企业目标与环境脱节，以已经消亡的企业作为参照对象，那么企业目标就变成了负担。从本质上讲，苹果公司是作茧自缚，逐渐与相互连通、愈加商业化的计算机市场脱节。苹果公司固执地坚持其最初的战略，生产昂贵智能的个人计算机，使用与众不同的处理器和与众不同的软件甚至打印机。接替乔布斯的超级领导者努力通过裁员和结构重组解决问题，却在系统是否开源、是否保持高价、是否进入高利润领域等问题上左右摇摆。他们都没能深入思考，抓住本质问题。你一定已经想到，我所说的本质问题是：

在一切背后，最核心的企业目标是否合理？

回溯过去，苹果公司的联合创始人沃兹尼亚克曾经后悔自己没有对苹果公司的核心假设进行检验，特别是通过保护操作系统来保护硬件设备，因为高管普遍认为硬件设备才是苹果公司最重要的资源。但事实上，根据后续的竞争环境发展来看，苹果公司的软件才是苹果计算机用户最看重的。

"我们拥有世界上最棒的操作系统，但你需要花费两倍的价格购买苹果公司的硬件设备，才能享受这一操作系统。这个做法是错误的。"沃兹尼亚克说，"我们应当以合适的价格将操作系统授权出售。"[29] 早期的计算机生产商认为技术压倒一切，但残酷的现实告诉它们，技术仅仅是用户关心的诸多因素之一，并不足以弥补其他方面的劣势。

沃兹尼亚克说："计算机本身从来都不是问题，问题在于企业的战略。"[30]

战略家的学习

1985 年离开苹果公司时，乔布斯骄傲自大、傲慢无礼。这位年轻的领导者决心证明自己，证明自己在苹果公司推行的尖端技术战略。在 NeXT，乔布斯掌控一切决策。这里不像苹果公司，没有专业的经理人挟制他，甚至连董事会都没有。据说，乔布斯的状态近乎癫狂，他在企业推行的标准高得几乎无法企及。阿兰·道伊奇曼（Alan Deutschman）描述道："乔布斯不仅要求他的新产品拥有突破性的特点，还采取了全新的方式开发软件，试图从零开始，写出史上最为优雅的代码。他要求工业设计必须达到前无古人的水平，必须像他开的黑色保时捷那样豪华时尚。就连工厂都要保持美观，与世界上其他的工厂一样实现自动化。"[31]

NeXT 生产的第一款计算机采用华丽的立方体设计，乔布斯称其"领先市场至少 5 年"，目标受众为学术研究者。但与其他计算机相比，这款姗姗来迟的计算机的价格已经接近大众汽车的价格。若加上激光打印机和一些必要的配件，整机价格高达 1 万美元。从商业角度看，这一产品是彻头彻尾的败笔，是苹果公司失败战略的缩影，乔布斯应当为此担负全部责任。学生和研究者对这款立方体计算机望而却步，1500 美元的基础款个人计算机成了他们的选择。商业用户对这款产品也兴趣索然，因为这款计算机对企业而言太过昂贵，但功能又不够强大，达不到工作站的标准。[32] 当年苹果公司的那一幕再次上演，乔布斯再次错判了市场，误读了市场需求。最终，这款产品仅卖出5 万台。[33]

乔布斯这颗新星梦断硅谷，他没能证明自己，反而再次失败。这是他个人生涯中的一次惨败。早在 1993 年，各位高管便开始各寻出路，工厂资产也被拍卖出售。《财富》将乔布斯称为"跑江湖的推销员"。[34] 后来，乔布斯在反思这次失败时解释道："我们知道，我们或者成为取得成功的最后一家硬件企业，或者成为尝试而失败的第一家企业。结果我们成了后者。"[35]

与此同时，乔布斯参与了另一项更加耗时的投资项目。离开苹果公司后，他卖掉了几乎所有的股权，拿出部分收益购买了皮克斯的大部分股权，投资这家羽翼渐丰的动画工作室。虽然他的身份更像风险投资者，而非企业领导者，但他拥有皮克斯董事长和首席执行官的头衔，并为工作室提供资金，帮助他们几次渡过难关。《玩具总动员》是第一部由计算机制作的长篇动画电影，皮克斯计划于 1995 年上映。在此之前，乔布斯加大了自己对皮克斯的资金投入，一手策划了皮克斯规模宏大的成功上市，为自己赢得 11.7 亿美元。皮克斯上市后，乔布斯与迪士尼签订了一份涉及 5 部电影的合约。迪士尼制作了《玩具总动员 2》《怪兽公司》《海底总动员》等多部电影，打破了动画电影的叙事传统。2006 年，迪士尼以 75 亿美元的价格收购皮克斯，乔布斯成了迪士尼的董事会成员和最大股东。[36] 对乔布斯而言，皮克斯的故事简直就像迪士尼打造的童话一样：皮克斯使他坐拥数十亿美元资产，助他在商业领域重建声誉，还为他带来合约，使他有机会深入了解娱乐行业。其中，最后一点，在乔布斯未来的发展中，将起到重要作用。

重新发现重要特色

苹果公司收购 NeXT 时，后者正处于水深火热之中，苹果公司自身也几乎被行业抛弃。乔布斯回归时，苹果公司正在快速滑向破产的深渊，其股价位于 10 年来的最低点，市场份额跌至 3%。当时，戴尔的董事长兼首席执行官迈克尔·戴尔（Michael Dell）在一场行业会议中被问及，倘若一觉醒来，自己成了乔布斯，将会做些什么，他尖锐地回答道："我会关闭企业，把钱还给股东。"[37]

然而，乔布斯决定凭借自己在 NeXT 和皮克斯的经历，直面挑战，踏上重建苹果公司的艰难旅程。他在 1996 年接受《财富》采访时表示："如果我来管理苹果公司，我将会使 Mac 物尽其用，然后着手研发下一款伟大的产品。"此时，他践行了自己 1 年前提出的这项建议。[38]

乔布斯先将苹果公司的产品削减到 4 类，包括两类家用产品和两类商用产品，每类包括一款笔记本计算机和一款台式机，并要求研发部门专注寻找最佳解决方案。回归苹果公司后，乔布斯设计研发的第一款产品是 iMac。回顾过去时，乔布斯这样说："当我离开苹果公司时，我们比微软超前 10 年。在技术领域，建立 10 年的优势非常不易……（但是）看看今天的 Mac，与我离开时相比，仅仅改变了 25%。10 年的优势，几十亿美元的研发费用，成就应当远大于此。究其原因，并非微软足够聪慧，吸收了 Mac 的优点，而是 Mac 在过去 10 年一直原地踏步。"

"这就是苹果公司的问题：他们的优势特色不见了。"[39]

随后一年间，乔布斯组建了新的管理团队，成员包括曾与他在 NeXT 共事的几位经理人。在接下来近 10 年的时间里，这一团队成了乔布斯的智囊团。[40]重新归来的乔布斯改变了自己的管理风格。据说，他依然自以为是、出口伤人、十分傲慢，但不同的是，他掌握了一些管理知识，变得成熟起来，行为也有所收敛。据说，"与产品团队首次会面时，乔布斯会倾听和理解，但在第二次会面时，他会提出一系列难以解答的尖锐问题，比如，'如果需要将产品减半，你们会怎么办？'。他也会采取鼓励性策略，'如果无须考虑成本问题，你们会怎样做？'"。[41]

设计精妙的 iMac 于 1998 年面世。这款将主机与显示屏整合在一起的一体机售价为 1299 美元，虽然仍高于一般计算机，但相较之前的 2000 多美元，已经降低了许多。在此之前，计算机市场已经很久没有出现根本性的创新了。iMac 延续了 Mac 的简洁设计，融入了便捷的网络连接操作，就像计算机市场上的一股清流，迅速吸引了一大批用户。在购买 iMac 的用户中，将近 30% 的人是第一次购买计算机。iMac 推出第一年，销量就达到了 200 万台。结合当时降低成本的措施，这使苹果公司获得了急需的现金流作为缓冲。[42]

事实上，乔布斯通过推出 iMac，成功地补好了船上的洞。

利用这笔现金流，乔布斯推出了新的战略，将自己对用户需求的敏锐把握，融入苹果公司最初的企业目标。在 2001 年的 MacWorld 大会上，乔布斯宣布了一个宏伟的计划。他说，个人计算机的第一个黄金时代，即生产率时代，始于早期个人计算机，持续了 15 年左右。接下来便是第二个黄金时代，即互联网时代，这一时代的个人计算机为商业用户和个人用户提供了更多的功能。

乔布斯认为，当下，计算机的发展正在步入第三个黄金时代，即数字时代，相伴而生的还有手机、DVD 播放器、数码相机和数字音乐等产品。在这个新的时代里，"下一个伟大的事件"是：计算机不再作为独立的设备而存在，而是成为上述所有产品的枢纽。计算机会将信息管理、通信、娱乐完美地融为一体，扩展所有设备的使用场景。接下来，人们不仅可以录制视频，还可以编辑视频；不仅可以收听音乐，还可以混合或创作自己的音乐；不仅可以拍照，还可以以全新的方式分享照片。[43]

这种所谓的数字枢纽战略，成了新的企业战略。这一理念清晰明确，在接下来的 10 年指引着苹果公司的产品和战略发展。随着这一理念逐渐成形，苹果公司推出了 iTunes 软件，用于管理计算机上的音乐；推出了全新升级的操作系统；建立了第一家零售店，在科技感十足、人性化的精品店铺里出售苹果公司的产品，还设立了服务用户的"苹果天才吧"（Genius Bars）。

乔布斯一点一点地重新塑造了苹果公司，但这一过程并非一帆风顺。或许受到了皮克斯的启发，乔布斯试图推广 iMovie 这一软件，希望使 Mac 用户更加方便地制作和剪辑视频。但用户罔顾其初衷，转而大肆利用软件提供的免费数字音乐，使用很多计算机上都装有的刻录机来制作光盘。但当时的 iMac 并未配置刻录机，因此导致销量增速放缓。

乔布斯幡然醒悟，他说："我感觉自己像个笨蛋。我认为我们已经错失了良机，但我们必须加倍努力，迎头赶上。"[44]

将操作系统升级便足以解决这个问题，但苹果公司的设计师发现了另一个良机：现有的数字音乐播放器十分难用，不仅加载速度慢，存储容量也不大。虽然它们确实比索尼随身听进步了不少，但依然无法满足数字时代的需求。于是，苹果公司在 2001 年推出了 iPod，带来了行业巨变。这是一款功能强大的音乐播放器，微小的硬盘驱动器使其机身小巧、便于携带，此外，苹果公司的火线软件能够实现飞速下载。

通过 iPod 和 iTunes，苹果公司为音乐行业带来了根本性变革。曾经有一款流行的文件共享软件叫作 Napster，它使用户习惯于免费下载音乐，但后来，这种服务被认定为违法行为。乔布斯与音乐行业的供应商达成协议：苹果公司的 iTunes 能够提供类似的服务，但会针对单曲或专辑收取费用，与它们分成。iTunes 商店于 2003 年 4 月对 Mac 用户开放，同年 10 月对 Windows 用户开放，以指数级增长扩大了市场。这也是数字时代的又一标志——苹果公司要求自己开发的软件在竞品计算机和 Mac 上都能够丝滑流畅地运行。由于经济形势出现了难得的好转，用户也开始付费购买一些曾经可以免费获得的服务。

苹果公司推出的产品和服务充分利用了精致的设计感和神奇的技术，让人们清晰地看到了数字革命的来临。2002 年年初，乔布斯对《时代周刊》说："我宁愿与索尼竞争，也不愿在新的产品种类上遭遇微软。"[45]

谈到船的比喻，有一个来自古希腊神话的悖论能够形象地说明变革过程。传说忒修斯（Theseus）杀死克里特岛上的弥诺陶洛斯（Minotaur）后，乘一艘旧船返回雅典。后来，雅典民众将这艘船保留下来作为纪念。随着时间过去，木板逐渐腐朽，雅典民众便会更换新的木板来替代。最后，这艘船的每块木板都被换过了。那么，这时，这艘船与启航时的船还是同一艘吗？如果不是，那么转变发生在何时——是哪一块木板使旧船变成了新船呢？这一悖论被普鲁塔克（Plutarch）称为"不断增长的事物的逻辑问题"。[46]

在苹果公司，乔布斯将 iPod 视为转折点。"如果说有哪款产品说明了苹果公司存在的意义，那么 iPod 当之无愧。"他说，"因为它将苹果公司不可思议的科技基础与传奇式的便捷操作、出色的设计语言集于一身。iPod 是这三者的完美结合，是苹果公司的产品的最好诠释。如果有人质疑苹果公司存在的意义，我就可以拿出 iPod 说服他。"[47]

截至 2005 年，iPod 总销量达到 4200 万台。[48]2009 年，其年销售量达到了 6000 万台。用户通过 iTunes 下载的歌曲总数超过 10 亿首，还会购买电影、电视节目甚至商学院讲座等内容在 iPod 上播放。

如果说 iMac 帮助乔布斯稳住了苹果公司这艘大船，那么 iPod 和 iTunes 则推动着这艘新船，带着新的企业目标，驶向新的彼岸。显而易见，苹果公司和古驰一样，成功并非建立在几款爆红的产品之上，而是基于打磨理念、确立定位并逐渐建立相互交织、协同发展的复杂体系。

乔布斯通过直觉理解了熊彼特所提到的"创造性破坏"，并且成功地引领了此轮发展。乔布斯与之前判若两人，他领导的苹果公司也步入了新的阶段，成了针对自己的"创造性破坏"机器。苹果公司冲进风浪，不断推出更好的产品，挑战已有产品。其他企业，则似乎还在至少半英里开外的地方。

2007 年，苹果公司基于 iPod 的设计，推出了 iPhone，外形约有信用卡大小，可以接打电话、上网，也可以大量存储音乐和照片。突然之间，桌面设备能实现的很多功能都被轻松地装进口袋了。苹果公司即将为另一个行业带来革命性巨变。

同年，苹果公司恰到好处地将"计算机"一词从企业名称中抹去，变成了简单的"苹果公司"。2010 年，在截止到 9 月 25 日的财年统计中，计算机在苹果公司 652 亿美元的总销售额中，仅占 27%，iPod、音乐和 iPhone 则占据了约六成。[49] 苹果公司的股价一飞冲天，高到离谱，市值超过 3 亿美元——超越微软，成为世界上价值最高的技术企业（见图 7-1）。

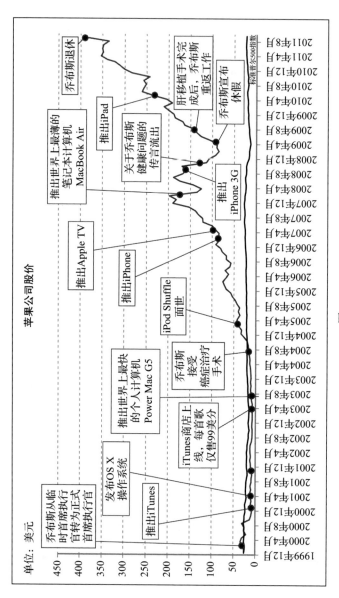

图 7-1

虽然乔布斯身患重疾，2009 年还做了肝脏移植手术，但苹果公司再次超越自身，推出了用户期盼已久的平板计算机——iPad。从设计、性能到内置软件，iPad 都堪称便携式消费电子产品的新标杆，在不远的将来，甚至有望完全取代传统计算机。2011 年夏天，媒体热议的 iCloud 测试版面世，他们又实现了一项突破——用户可以在苹果公司的设备和计算机之间同步数据，无须使用电子邮件或 U 盘便可传输文件。[50]

可持续的竞争优势？

回顾完这场宏大的变革，我们终于可以提出这两个问题：苹果公司到达彼岸了吗？尽管曾在 20 世纪深陷危机，现在的苹果公司是否已经拥有了可持续的竞争优势？

在 EOP 培训项目的课堂上讨论苹果公司的案例时，我经常会提出这两个问题。你可能会不假思索地大喊"当然"，我的学员也大多如此，有人可能还会反问，"这还用问吗？"。苹果公司的确重新确立了企业目标。从表面上看，苹果公司似乎已经将其竞争者远远地甩在了身后，甚至还嘲讽了它们匮乏的创造力。案例分析到此结束了吗？

我不这样认为。

2010 年，苹果公司于计算机市场的份额飙升至 11%，但距离行业巨擘还甚远。虽然很多普通人都会在苹果商店外彻夜排队，抢购最新款的 iPhone，但市场调查公司 NPD 的数据显示，2010 年，基于谷歌的安卓系统而开发的智能手机的销量依然遥遥领先于 iPhone。[51] 对

iPad 来说，基于 Windows 操作系统的竞争者也来势汹汹。平板计算机很有可能引领第四个黄金时代，取代传统个人计算机，成为数字枢纽，同时成为依靠价格取胜的产品。iPad、iCloud 生态系统或苹果公司推出的新一代产品能否在未来几年内坐稳行业领头羊的位置，谁也无法保证。

传统观念认为，战略的目的是建立长期可持续的竞争优势，但我对此持怀疑态度。此类竞争优势极难建立，故而非常少见。熊彼特曾经指出，市场增长和盈利能力往往来自改变，而非守旧。亨利·福特（Henry Ford）曾以一款平价车型统治汽车销售市场，后来，通用汽车（General Motors）的阿尔弗雷德·斯隆（Alfred Sloan）通过一系列特色车型赢得竞争。宝丽来（Polaroid）曾经统治瞬时摄影行业，后来被数码照相机挤出市场。很多综合性医院都曾经在业内一枝独秀，但后来兴起的低成本专科医院逐渐蚕食市场。曾经，高等教育是大学的天下，各大学的校区不断扩张，但后来，社区大学、营利性组织和远程学习组织以不同的经济模式给大学带来了冲击。

战略家所面临的挑战，并非集中资源发展一项竞争优势并希望其长久可持续。这种思维鼓励领导者将战略固化，一旦发现问题，便切换至防御模式，俯身维持现状不变，而不是尝试直面问题，努力满足新形势下的需求。诚然，竞争优势对战略至关重要，持续时间也是越久越好，但任何优势，包括企业内在的价值创造体系，都只是全局的一个局部，整部电影的一帧画面。日复一日、年复一年地将画面逐帧连接起来的管理，才是领导者在企业战略方面应承担的重要职责。

根据这一有机体论，构成竞争优势的因素终将改变。我们并非要将企业能提供的附加价值固化并加以维护，更重要的事情是，确保企业拥有持续为客户创造价值的能力。企业战略的持久之道并非源于具体的某个目标、某项优势或是某个战略，而是持久创造价值的能力。不论何时，都是如此。我们应以持久创造价值的能力来指引、发展企业，使其价值得以延续。当然，不断扩展核心特色的企业也能够积累出色的资源和优势，但诠释其核心特色的产品和服务，一定处于不断的发展变化之中。苹果公司从自己的教训中学到，要根据当下环境，而非历史环境，来衡量企业的价值。

这也就意味着，如同忒修斯之船一样，苹果公司这艘大船可能必须重新打造龙骨，或是转变航行方向。接受这一现实并不轻松，我的高管学员常常指出，船只未曾出海时，挑战几乎不会出现。当在海上航行时，需要一边努力辨认方向，一边努力让船浮在海面，这时若发现自己还需要更换木板，确实是令人痛苦的。

回到苹果公司后，乔布斯一点一滴地重新塑造这家企业，同时要维持企业不至破产。他并非在风暴中重新造船，而是在波涛汹涌的海上，在飓风中重造船只。从大部分方面来看，乔布斯做得很好。然而，即使是苹果公司的对手、曾经不可一世的微软，也不得不承认一个事实，那就是，挑战永不会结束。

战略家之路：就算你不是乔布斯

你可能会这样想，"好吧，我了解了，企业战略必须充满活力。我承认，整体来看，苹果公司的战略十分成功。乔布斯扭转了乾坤。但我们要正视现实，他可是乔布斯，我不是他，我的企业也不是苹果公司"。很多高管学员都会这样想。

你想的没错，世界上只有一个乔布斯，但透过他的光辉事迹，我们可以知道，乔布斯并非生来就是战略家，他也曾铸成大错，曾推出有缺陷的产品，曾将一家企业带入深渊，自己还被另一家企业扫地出门。他与我们一样，不得不学着做一位战略家。

像古驰的德·索尔一样，乔布斯必须精力充沛、动力十足，这样才能推动苹果公司向前发展。他必须与很多战略家一样，与复杂糟糕的两难问题缠斗：是保持现状，还是探索新路？虽然保持现状和探索新路两种选择看似不能共存，但大部分企业通常处于叠加状态：既是旧自我，也是新自我。这时企业需要的，正是一位战略家——企业的另一个优势来源。作为战略家，你需要看顾整个企业，为其指引方向，日复一日、年复一年地做出选择，使企业重回市场中心。市场中心不断发展变化，你的企业目标要随之调整，你必须决定是否直面风浪，必须判断自己的战略是否具有活力。

战略引导的责任永无止境，无法外包给他人，也不可能通过头脑风暴来一劳永逸地解决。企业优势不可能一夜之间出现，企业目标也不可能在一夕之间改变。企业的变化来自行业和客户喜好的变化，也来自员工的变化，他们能够将新的技术和优势带入企业。归根结底，企业的变化来自人的决定，来自你，来自战略家。

拥抱改变才是恒久不变的战略。领悟到这一点，你便可以扬帆起航，走上战略家成长之路，带领你的企业驶向彼岸了。

CHAPTER 8

第八章

不可或缺的战略家

关于战略家的职责，我们已经谈了许多，但具体到落实战略的人，我们尚未深入讨论。目前，在与战略相关的所有知识中，几乎没有提及如何成为成功的战略家的。需要锻炼哪些技能，训练何种思维？战略家能为企业带来哪些独特价值？

在本书的最后一章，我将解答这些问题，助你成为理想的战略家。与此前不同，这一过程要求你暂时忘掉行业分析和战略陈述，转而深入思考战略家的行事方式。

最重要的是，你要明白，你不是战略管理者，也不是具体领域的专家，相关工作自有别人来做。你最重要的角色是领导者，你的目标是开拓创新。要想做到这一点，就必须直面前面讨论过的 4 个基本问题。

- 我的企业对世界有何贡献？
- 企业的特色是否重要？

- 企业的特色是否稀缺？他人能不能轻易模仿？
- 为了企业未来的发展，今天我们做的事情是否必要？

作为领导者，你必须回答这些问题。

很多企业的操盘者和思想家并不习惯面对这类如此简单直接的问题，他们更愿意面对具体的商业问题：市场是在收缩还是扩张？我们的竞争对手有何目的？但要想达到行业领先，你就必须乐于接受新的挑战，乐于另辟蹊径，为企业赋值。有这样一个禅宗故事。一个强大且自信的人去拜访禅宗大师，想要开悟，大师与他交谈几句，心中有数后，便请他去用茶。席间，大师向杯中倒水，茶水溢出了杯子，但大师还继续倒。

"别倒了！"访客大声喊道，"您没看到水都溢出来了吗？"

"看到了。"大师说，"水杯满了，就装不下其他东西了。"如果一个人的心中没有多余的空间，同样无法容纳新的观点。

要想成为战略家，就必须乐于探索新路径。

做点火之人

要想成为战略家，内心要有动力和渴望，要严谨且富于想象，要乐于提问、愿意探索，要敢于冒险前行。同时，要像积极大胆的领导者那样，勇于制定战略，主动前行，积极进取，独立思考，重视行动，落实成果。你可能认为，既然战略对企业长久的繁荣如此重要，那么投资者、顾问团队甚至企业员工都应该会达成共识，让战略成为领导者考虑的首要问题。但遗憾的是，事实往往正相反。这些你以为会努力进取的群体，都只会安于现状，特别地，如果一家企业的业绩尚可，这种情况更为突出。因此，前行的承诺和激情只能来自你，你要亲手点燃火种。

然而，你能否当此重任？对大多数领导者来说，抽出时间并鼓起勇气来解决战略问题永远是艰巨的挑战。当然，董事会可能会时常要求你拿出战略规划，管理团队也需要你明确战略，但最终，不论多么艰难，抽出时间来思考战略问题的人只能是你。"领导者往往忙于解决问题而无法自拔，最终困于管理琐事。"海克·布鲁赫（Heike Bruch）与苏曼特拉·戈沙尔（Sumantra Ghoshal）在《主管别瞎忙》（*A Bias for Action*）一书中写道："他们没有时间发现机会，因为日常工作使他们无暇点燃心中的火苗，从而无法激发意志力，迈出重要的第一步。他们应当从提升自身能力开始，然后构思想法，再采取行动加以落实。"[1]

史蒂芬·柯维（Stephen Covey）对紧急事件和重要事件的区分可以帮助我们理解这一点。紧急且重要的事件包括各类危机、设有最后期限的项目、建立企业架构、处理各类关系，当然还有制定长期战略。但人们往往忙于处理临时安排、日常活动和"常见"的突发状况等紧急而不重要的事件。有时甚至会陷于既不重要也不紧急的事件，应对琐碎的忙碌而虚度光阴。[2]

除了平衡各类诉求和完成日常活动带来的紧张感之外，很多领导者和企业之所以无法全神投入战略制定，还有更深层的原因：虽然现实略有灰暗，但他们对现状都十分满意。很久以前，熊彼特便提醒过，大多数人都更满足于维持现状。理查德·斯威德伯格（Richard Swedberg）是研究熊彼特的专家，他提出，人们的天性趋向保守，因此会本能地排斥创新，很多领导者自身也抗拒改变："做熟悉的事总是轻松的……应对新事物则更加艰难。"[3] 熊彼特也曾说过："顺流划水和逆流击水的全部区别，就在于此。"[4]

但企业若要发展繁荣，领导者就必须逆流而上，主动向前，积极引领方向。熊彼特将此类领导者称为不甘于保持现状的"行动者"。根据斯威德伯格的阐释，"（行动者）与静止者或避免尝试新事物的人不同。面对变化，行动者的内心没有任何阻碍。那么行动者的驱动力来自哪里呢？静止者做生意是为了满足自身需求，达到目标后便会停止努力，而行动者的动力来源还有很多，他们之所以一往无前，是因为渴望权力，渴望成功……"。[5]

在每个充满活力、生机勃勃的成功战略背后，都有一位积极进取、行动力强的领导者，他将方方面面考虑周全，将战略落实，做出重大决定并为此负责。这并非具体职能，而是领导者必须承担的千钧重任。

你的选择

1963 年，也就是哈佛大学 MBA 项目招收首位女性学员的前一年，哈佛大学的讲师西摩·蒂尔斯（Seymour Tilles）在《哈佛商业评论》上刊登了一篇文章，后来被奉为经典。文中提到了领导者为企业发展指明方向的责任。蒂尔斯认为，首席执行官需要解决的最重要的问题是：我想要将企业变成什么样子？此外，他针对志向远大的领导者提出了一个类似的问题。蒂尔斯在文章中写道：

如果你问年轻人，他们到 40 岁时希望达成怎样的目标，得到的答案可以归为两类。多数人描述的是他们希望拥有的东西，特别是商业管理专业的毕业生。有些人则会描述他们希望成为怎样的人。他们才是真正明晰未来目标的人。

对于企业来说，也是如此。多数企业对未来几乎没有思考，仅有的一点规划也大多是以金钱来衡量的。当然，财务规划本身并没有错，很多企业甚至应当加强财务规划。但人们往往会将财务规划与企业的发展方向混为一谈。就好像有人回答："40 岁的时候，我希望自己变得富有。"很多基本问题依然没有得到解答。哪方面的富有？怎样做才能变富有？[6]

————

过去 30 年间，企业战略逐渐发展成为一门科学，但上面提到的基本问题却逐渐被遗忘。现在，我们要重新聚焦这些问题。存在主义哲学家对选择的重要性十分了解，他们认为，作为独立的个体，我们过去做出的所有或大或小的选择共同成就了今天的我们。外界的事件和影响当然也很重要，但曾经的选择才是对我们的生活影响最大的"杠杆"。

企业也是如此。那么，决定企业基本身份的重大决定应当由谁来做？谁有资格说"这才是企业的目标，这才是我们应该成为的样子，这才是客户需要我们的原因"？这些都是战略家必须面对的问题。企业本身也许是由他人创建的，但企业的本质，必须由战略家自己寻找。企业的故事、企业存在的意义、企业的重要性都需要由战略家自己建构。作为领导者，你必须担负这责任。企业内部的员工和外部的其他人都会以不同的方式贡献力量，但最终为企业的决定负责的，只能是领导者本人。

　　这种责任感使领导者得以塑造企业并影响其命运。让 - 保罗·萨特（Jean-Paul Sartre）是存在主义的一位主要支持者，他曾经说过："未来由我们塑造。"[7]萨特主张"选择的可能性"，认为它能够激发人们确立身份、定义目标。在萨特看来，"选择的可能性"是一切的基础，有了"选择的可能性"，人们才有机会去探寻意义。他写道："人首先存在，然后与自己相遇，在世界上蓬勃发展，之后才能定义自己。"[8]在萨特的世界中，人们拥有无限的可能性，可以任意定义自我。

　　那么，这一观点的意义何在呢？相信个人能够"出人头地""塑造自己""塑造未来"这一观点同样适用于商业世界。这恰好呼应了熊彼特的观点，恰好就是商业发展的意义所在。要想努力保持战略视角，领导者就必须做好准备，直面这一本质挑战。企业也必须努力"出人头地""塑造自己""塑造未来"——萨特所说的"选择的可能性"同样适用于它们，它们的大门每天都是敞开的。至少，企业的所有者和领导者都拥有"选择的可能性"。萨特将塑造未来的重任交给了个体本身，类比而言，制定企业战略这一重任，就落在了领导者的肩上。

不论是对于大型多元化经营的企业，还是对于企业主主导的单一业务企业，这一观点都十分必要。随着杠杆收购愈发常见，企业供应链遍布全球，清晰的企业目标和企业存在的意义变得至关重要。一个集团的董事长曾经将这一观点化作了直白的比喻："我们的企业能够拿出怎样的主菜？"他的提问，其实指向同一个挑战。

应对这一挑战，需要极大的勇气和毅力。布莱顿收藏公司的扬和科尔坚持最低零售价，将无法提供足够销售支持的零售商拒之门外；坎普拉德曾经选择提供多品类商品，而后决定为小众群体提供家具。他们的决策不仅决定了企业的经营范围，更决定了企业的发展方向。这些决策才是最为重要的选择。

保持灵活

苹果公司的案例告诉我们，战略家的工作永无止境。建立并保持好的战略趋势并不容易，企业组织及其领导者命运交织，他们共生存在的每一天，都不得不面临这一挑战。战略家面对的并非某一个选择，而是一段时间内的多个选择。

赫尔穆特·冯·毛奇（Helmuth von Moltke）是军事理论家克劳塞维茨（Clausewitz）的拥护者，他对此有着深刻见解："当然，总指挥要一直保持内心中立，不能受情势变化的影响，但他为了达到目的而采取的手段却永远不可能提前确定。战争期间，瞬息万变，总指挥必须根据当下的情势做出一系列决策……总指挥必须穿过不确定的迷雾，评估事实，澄清现状，迅速做出决策，随后坚决地贯彻执行。"[9]

与军事指挥官一样，你也需要这样做，但平衡各方并非易事。在前面我们讲到，伟大的战略是各个要素相互平衡的完整体系。例如，在德·索尔的企业战略中，从生产线到管理文化，各个要素相得益彰。在通常情况下，领导者都能够在不破坏企业目标的情况下逐渐找到平衡。但体系完整不代表其足够严谨，能够创造价值的体系必须足够灵活、适应力强。与企业战略一样，它也需要不断改变，回应甚至预判商业环境或企业内部的改变，保证各个要素与时俱进。

哲学家玛莎·努斯鲍姆（Martha Nussbaum）将体系内部的平衡称为"脆弱的完整"。她写道："能够应对一切紧急情况的完美船只并不存在，意外也不可能从人类的生活中移除。"[10] 我们也不应去做这样的尝试。

作为战略家，你要学会与"意外"共处。努斯鲍姆认为，这需要一种"从自信到不自信的智慧"，能够培养"灵活的应变能力，而非僵硬死板的态度"。[11] 这需要我们放弃"控制之力"，以开放的心态重新思考并塑造战略的要素。

更重要的是，作为领导者，你必须保持开放的心态，重新对企业进行阐释。对领导者来说，为了推动企业向前发展，以开放的心态重新定义企业目标与制定初始目标同等重要。为了保证船只继续航行，忒修斯愿意更换船只的任何构件。作为战略家，你也必须愿意替换企业的任何构件，使其与时俱进，走向更好的未来。

有一种广泛存在的错误认知：企业由各个构件及其协同合作整合而成，有些重要构件一旦缺失，企业就不再是这家企业了。战略家不仅要抵制这种认知，还要在重大决策关口说服他人，放弃这种认知。

巴勃罗·毕加索（Pablo Picasso）的表述十分直接："成功是危险的，因为它让人们开始效仿自己。这一点甚至比效仿他人还要危险，因为效仿自己终将导致思维枯竭。"

大多数企业领导者在事业的某个阶段，都会对企业战略进行全面修正，甚至是巨大的改革。有时候，这种改变可能会触发灵感，迸出思维的火花，从而引发对企业本身、企业目标和企业潜力的全新认知。我曾几次在领导者开始重新思考企业的业务范畴和能力时，目睹这种灵感的迸发，有时是在小组会议上，有时是在课堂上。这些经历对人们是一种鼓舞，也是一种激励。

然而有些时候，改变企业战略并非易事，尤其是当你需要将企业拆解开来再重新整合时，更是难上加难。许多企业所有者或领导者认真地思考了企业的本质和未来目标后，向我表示，重新整合的过程着实令人痛苦。请回想第六章提到的房地产企业主克尔·泰勒，他在经济衰退时，经过痛苦的抉择，决定放弃伴随自己成长的经纪交易业务。这部分业务虽然已经不能再为企业提供战略优势，但是是情感上难以割舍的一部分。最终，当他面对现实，决定放弃这部分业务时，他说："这是我所做过的最艰难的决定。"

不过，他们也会承认，这一经历是人生中最宝贵的财富。从某种程度上讲，他们的企业获得了重生，或是得以自由地重构。在高管学员中，一位来自亚洲某大型企业的首席执行官这样描述自己的经历："我热爱企业、热爱员工，也热爱挑战，我乐见其他人从我们的产品中深深获益。但即使这样，我们在未来几年中也需要向新的方向进发，这意味着部分业务将被出售。因为市场上的竞争太过激烈，我们的利润空间遭到了压缩。"当他讲出这些时，脸上露出了痛苦的表情。

随后，他轻声继续，说出了让我们惊讶的一段话："但从本质上讲，正是这样的改变才能让我们永葆活力、永远进步。改变发生时，我们的确是痛苦的，但长久来看，如果一家企业不能自我革新，我也不会想要成为其领导者。"

如果一家企业及其领导者能够提出好的企业战略并系统地加以实施，他们便能重获新生。企业的所有者和高管虽然肩负重任，但他们也了解从无到有进行创造所能获得的满足感。马克斯·德·普雷是赫曼·米勒的一位传奇首席执行官，他曾说过："最后，我们需要记住，不改变现状，就无法成为理想中的自己。"[12]

归根结底，这就是一切的意义，不是吗？创造并帮助企业找到方向，不断完善并刷新其存在的意义，这才是领导者的长期工作。苹果公司的案例告诉我们，企业和人一样，都要不断更新自我。

获取团队的支持

在你努力把握企业宏观图景的同时，也要与基层员工保持密切联系。你毕竟是在领导一个团队，你要与员工建立联系，从而激励他们，也向他们学习。如果你不能使他们认同你的想法，那么他们就不会在日常工作中贯彻你的企业战略；如果你不能在制订计划时吸纳他们的智慧，那么你就浪费了这些宝贵的资源。他们直接与客户交谈、完成主要工作，因此掌握着不可或缺的信息。

管理咨询公司 RHR 国际（RHR International）的董事长托马斯·

萨波里托（Thomas Saporito）认为，很多领导者囿于自己的眼界，即使面临质疑，也拒绝聆听。他曾经为一位《财富》100强企业的首席执行官提供指导，这位首席执行官制定了宏伟的目标，但过于关注其战略是否完整，忽略了其他人的态度。"他无视董事会和员工的真实想法，故而无法判断员工是否理解自己的战略。"最终，这位首席执行官被迫离开。萨波里托写道："我合作过的所有首席执行官几乎都犯过类似的错误。这时，我会提醒他们，高管的工作职责并非从不犯错，而是高效工作。"[13]

德·普雷在这一问题上也曾发表高见。他认为，企业中的每一个人都有权了解企业战略并参与其中。"良好的沟通绝不是简单地发出信息和接收信息，也不是简单地交换数据。良好的沟通能够让你认真倾听。"[14]此外，德·普雷坚定认为，领导者有义务引领并保持企业的发展趋势："这样会让员工感到，他们的生活和工作相互交织，朝着清晰合理的目标迈进。"企业的发展趋势来自"清晰的企业构想、深思熟虑的战略、精心设计的发展方向、良好的沟通、所有人都得以参与的计划和公开问责的制度"。[15]

拿破仑（Napoleon）说过："定义现实，点燃希望。"

这一伟大的提议表明，我们要面对并了解严酷的经济环境（马斯科集团的马努吉安便没能做到这一点），制定企业目标和具体的实施计划（像宜家和古驰那样），并满足团队成员的人性化需求。围绕古驰的新目标，德·索尔在动员时，会将当下进展及时告知员工，同时迅速对身边的商业变化做出应对，从而成功实现企业目标。

他在一次访谈中提到："我十分擅长激励动员和与人沟通。我曾在咖啡厅演讲，保证所有员工都能了解企业目标。提拔员工和做出决策时，我十分果断。我是个自律的人，也面临很大的压力。我们需要持续做出改变。"

刚柔并济，方能长久。

AmREIT 的泰勒谈到自己与团队成员通力合作、共同制定战略时，情绪十分激动："我们从一次深入的讨论开始，但此后还反复进行了战略讨论。我们进行了坦诚的交流，面对棘手的问题时，这一点尤为重要。"他补充道："相互磨合也需要时间和精力，过去 10 年中，我们不得不放下了很多的自我意识和权力。"现在，整个团队已经建立了一套共同语言，用于战略讨论。迄今为止，战略讨论已经成了他们之间的黏合剂："我们每周都会进行某种形式的战略讨论。"

如果领导者试图在战略问题上进行欺瞒，那么整个企业和其中的每个个体都会受到影响。如果领导者在团队中不够坦诚，不能清晰阐明战略、倾听他人的声音或激励团队成员，结果会同样糟糕。作为战略家，沟通能力和与他人建立联系的能力，与你做的其他事一样，都会对成功产生决定性的影响。

再次强调：选择就在你手中

在 EOP 培训项目的最后一堂课上，我会为学员提供一些建议："乘飞机回家时，如果邻座的人问起你的工作，就告诉他，'我是企业目标的守护者'。[16] 这样一来，你就不必再担心他会继续追问了！"

听到这句话，学员往往会会心一笑。他们知道，这一幽默蕴含着深刻的哲理，那就是：如果他们不愿担当这一角色，他们的企业就会缺失一个核心要素。

在与上千位学员的接触中，我发现，人们不必成为乔布斯，也可以为自己的成就和建立的企业而感到骄傲。在我的班级里，有市值数十亿美元的钢铁企业和世界级的小额信贷企业；有一对夫妻在厨房里建立的蜡烛企业，逐渐惠及上千名客户；有生产咖啡烘焙机的家族企业，逐步为新的客户群体提供新的价值主张；有已经传承三代人的医疗设备家族企业，每一任领导者都历经磨难，努力为企业寻找新的立足点和新的存在意义。

学员的满足感还源于深度地思考企业问题，在更宏观的背景下审视问题。例如，一位仓储行业的高管更加深刻地领悟到了经济力量对行业的影响，一位金融服务行业的企业主重新定义了发展方向，为资产略少但人数更多的客户群体提供服务。不论是完善企业目标、企业方向，还是改善企业对客户的影响，学员发现，自己在解决企业发展问题时，能够关注到更加基础的问题了。

学员陈述自身经历时，有人提到，自己以前对领导者这一角色的理解十分粗浅，现在则有了更加理性的了解。还有人对塑造企业的未来有了不同于以往的想法和信念。

有些学员提到，自己以前认为战略就是一系列亟待解决的问题。不论是在学校里，还是在实践中，他们都是这样认为的。但现在，他们将战略视为企业领导者的生活之道，是一系列需要践行的问题。[17]Ink for Less 的创始人阿吉鲁兹曾经谈到自己将企业战略内化的经历。他希望自己的企业独树一帜，不断发展："我要做的，就是找到方法，让企业与众不同。"在将新想法发展成企业战略的过程中，他有时会与自己的运营主管产生冲突，因为运营主管总是不愿做出改变，但阿吉鲁兹坚持认为："在企业内部保持战略一致往往能够使企业取得成功。"

这些领导者都将自己最好的状态投入了工作。他们确立令人信服的企业目标，建立机构以达成目标，最终使企业独具特色。在此过程中，他们不仅为企业赋予了意义，也找到了自己的意义。

在 EOP 培训项目的最后几天，我会请全体学员阅读已故的哈佛大学哲学教授罗伯特·诺齐克（Robert Nozick）所写的一篇文章。[18] 文中提及了一种虚拟现实装置，叫"体验机"，可以让我们免于经受日常生活中的困难和恐惧。诺齐克让我们想象出另一个世界，在那里，我们的所有愿望都可以达成，只要编好程序，踏入机器，便可以得偿所愿。所有的体验都已提前预制，我们不必做出选择，也不必采取行动，只要设定体验即可。再也不会有无眠的夜晚和束手无策的绝望，再也没有痛苦的选择和决定，踏入机器，一切问题都迎刃而解。

乍看之下，这个机器似乎十分诱人，但极少有人愿意尝试进入这个世界。人们意识到，这种虚构的现实将会剥夺人们的体验，使人无法体会愿望实现的过程。尽管到达彼岸的过程可能并非一帆风顺，结果也可能不尽如人意，但努力的过程是无法抹杀的，这一过程构成了我们的生活。"'我们是谁？'这个问题至关重要，我对此毫不惊讶，"诺齐克说，"为什么我们只关心如何度过一生，而不关心我们究竟是谁？"[19]

回头审视自己的生活时，EOP 培训项目的学员往往会说，他们喜欢旅途中的责任和独一无二的感觉。他们喜欢那种"脱离正轨"的新鲜经历，这是提前预制的生活所不能提供的。如果坎普拉德的商品没有遭到抵制，便不会有宜家在波兰的发展，企业也不会走上全新的发展道路。如果德·索尔继续自己在华盛顿的法律事业，没有卷入客户的麻烦，便不会有后来的古驰。当然，这些体验也可以被编成程序，但至少有人要先能想到这样的剧本——即便这样，被编成程序的体验也缺乏真实感，无法让人产生主导自己生活的满足感。[20]

　　当然，诺齐克的"体验机"只是一个幻想，至少目前还没有成真的可能性，但它足以使我们对目前的工作进行深思。有多少人庸碌一生却不知自己为何忙碌？他们机械工作，仿效他人，因做出成绩而满足。他们也许成就非凡，却几乎没有主导生活的新鲜感。萨特用犀利的言辞描述了这一状态："所有问题都已被解决，只有如何生活还没有答案。"诗人 T.S. 艾略特（T.S. Eliot）则选择了另一个角度："我们拥有了体验，却失掉了意义。"

　　2002 年，摄影师托尼·德菲尔（Tony Deifell）从 MBA 项目毕业，对这个问题进行了深入的思考。他请一些同学回答美国作家玛丽·奥利弗（Mary Oliver）在诗中提出的一个问题："告诉我，对于你只有一次的狂野而珍贵的生命，你的计划是什么？"大家的回答和各自的照片被一同编进了哈佛商学院的"自画像展览"（The Portrait Project），后来，这成了该校的一项传统。

　　在 EOP 培训项目的末尾，我会与学员分享奥利弗的诗作，邀请他们参与自画像展览。虽然展览主要针对的是人生刚刚启程的学生，但我认为奥利弗的问题在我们 30 岁、50 岁、70 岁时也依然意义非凡。

伴随着奥利弗的问题，我想做的最后一件事是"引导见证过程"。成为战略家的过程就是寻找问题答案的过程。如果你与 EOP 培训项目的学员一样，在下面这首诗中能找到强烈的情感共鸣，那么你就能够找到这种联系，它与你的梦想息息相关。

夏日

谁造就了世界？

谁造就了天鹅和黑熊？

谁造就了草蜢？

这只草蜢，我的意思是——

这只，她跃出草丛，

这只，她吃我手中的糖，

她前后（而不是上下）移动她的颚——

她用她巨大而复杂的眼睛东张西望。

现在她举起她苍白的前臂仔细洗脸。

现在她突然张开她的翅膀，飞走了。

我不知道确切来说祈祷是什么。

我不知道如何专注，

如何跪入草丛，如何在草丛中拜伏，

如何空闲而有福，如何在田野漫步，

那是我整天都在干的事情。

告诉我，我还应该做什么？

难道一切不是终将死去，死亡不是来得太早？

告诉我，

对于你只有一次的狂野而珍贵的生命，

你的计划是什么？

——玛丽·奥利弗

《新诗选编》(*New and Selected Poems*)

（波士顿：灯塔出版社，1992）

（版权 1992 年生效，归玛丽·奥利弗所有，获准引用）

你的意义

和我在过去 30 多年里教过的企业领导者和 MBA 学生一样，你一定会问："如果我的企业不存在了，世界会有什么不同？"你可能还会问："如果没有战略家，我的企业会变成什么样？"[21] 如果你的企业中，没有人挺身而出，承担这一责任，怎么办？如果没有人来衡量各种选择，为企业做出决策，将会如何？这有什么意义，又有谁会在意呢？如果没有人根据企业优势建立体系，无法让企业在某个方面脱颖而出，将会如何？如果没有人以警醒的目光检视远方，没有人看顾企业使其保持生机并向前发展，又将如何？

　　我见过许多这样的企业，相信你也见过，全球各地都不乏这样的企业。这些企业死气沉沉，似乎在等待着什么。它们状况不佳，虽然疯狂运转，却毫无进展；它们努力向前，却永远赶不上潮流，也做不到引领潮流；它们或者一盘散沙，或者自相矛盾，业务往往相互排斥。

　　我们既不愿为这样的企业工作，也不愿与它们合作。这样的企业也没有什么影响力。

　　在我曾见过的企业领导者中，多数人都严肃且热情地接受了战略家的角色。他们能够从战略家的工作和意义中获得灵感，他们喜欢这种感觉，也乐于享受自己掌握方向时为整个世界带来改变。

　　作为领导者，如果你忽略或低估了自己作为战略家的重要性和长久责任，那么你的企业将会缺失重要的一环。如果战略的核心问题能够得到妥善解决，企业就会成功；如果解决不当，或者索性对此置之不理，企业的发展便会漫无目的，容易受挫。

　　制定并维护一项鲜活的战略，在深层意义上是一项关于人的活动。平衡企业的各个部分并促进整个企业向前发展绝非易事。即便是那些聪明过人、对职业充满热爱的领导者，也有很多人以失败告终。他们的经验教训提醒我们，管理企业是一项十分繁杂的工作，责任重大，但正因为如此，最终的成功才显得格外珍贵。

我经营的是非营利组织，
书中所讲的问题与我是否相关？

好的企业战略对任何企业（组织）都是无价之宝。本书的核心目标是让企业找到自身特色，完成其重要的目标。良好的战略对营利企业和非营利组织都是同等重要的。

如果你认为非营利组织可以免于面对激烈的竞争，或者认为它们的业绩和价值不会被拿去与竞争者比较，那么你就大错特错了。相反，这一领域的竞争同样激烈。和其他组织相比，非营利组织的预算通常更为紧张，资源更为稀缺，组织与客户和资助方之间的交流渠道也更为分散。因此，清晰有效的战略对非营利组织来说更为重要。

作为非营利组织的负责人，你应该对其目标有着清晰的认知，有所为且有所不为；你应该引导组织精打细算，直指目标。这意味着你需要以一流企业的标准体系来管理组织。你的所有举措都将成为组织的一部分，因此你需要仔细打磨，建立标准，这不仅会让整个组织更加强大，也能帮助你更好地讲述这一组织的故事。

是否还有必要继续使用 SWOT 分析法?
若有必要，该在何处使用？

SWOT 分析法当然要继续使用。SWOT 分析法基于大量信息的汇集，是永不过时的分析方法。这一方法可以同时兼顾企业的竞争环境和企业自身的优势、劣势，对二者进行高层次的总结，能够在制定企业目标和企业战略时提供重要的背景信息。

如果你不太熟悉 SWOT 分析法，可以参考图 A-1 的矩阵模型。SWOT 分析法基于这一模型，对企业自身的优势、劣势与环境中的机会、威胁进行分析。

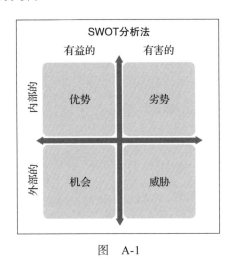

图　A-1

愿景、使命、目标这几个概念有何区别？
这些概念都是企业必须具备的吗？

愿景指的是你对企业在未来某个时刻的状态的期望。例如，你希望企业的运营范围从区域市场扩大到全国市场，甚至走向世界范围，或是希望企业在出售产品的同时，增加增值服务业务。愿景就像一张蓝图，描绘了你最终希望到达的彼岸。愿景是意义非凡的。一位与我共事的新晋首席执行官近期获得了这样一条建议："起步之时，便明确终点的蓝图。"

对不同的人来说，使命的含义也有所不同。这一词语的使用背景十分广泛，我们已经无法清晰地界定其本来含义或准确定义。有人会用宽泛抽象的语言，含糊其词，描述企业对社会的贡献。有人则将这一概念定义得较为狭窄，更接近我对企业目标的描述，但这类解读通常无法与企业的现实经营产生联系。

为了避免这种混淆，我使用"企业目标"一词来定义企业在竞争环境中的核心优势。具体而言，这种核心优势体现在企业对现有行业的赋值和创新。这样一来，"使命"这个概念便可以回归本源，用于描述企业"更崇高的"目标和企业与社会之间的关系。

我该如何分析自己所处的行业？

可以从你已经掌握的信息入手。召集一个团队，根据自己在行业中的经验，请大家逐一讨论五种力量（五力分析模型）。首先列举事实，然后分析其内在含义。在当前的背景下，力量掌握在谁手中？为什么会这样？力量在变化吗？发生了怎样的变化？总的来说，这些力量能否增加行业吸引力？市场的某些部分是否比其他部分更有吸引力？参与角逐的企业是否势均力敌？你的企业能否找到更好的市场定位？

在分析过程中，你可以参考企业之外的很多相关资料。政府机构和行业协会都是事实和数据的可靠来源。此外，还有由咨询公司或标准普尔等金融分析机构编制的前期行业调查资料，包括详细的行业分析报告和针对行业内主要企业的分析报告等。

在本地的公共图书馆或大学图书馆，你应该可以查阅到相关的出版物和数据库，进而获得对比数据、市场调研和分析报告。你也可以参阅近期的报纸和杂志。Factiva、Hoover's、律商联讯（LexisNexis）、OneSource、标准普尔、Thomson 以及 Business Source Complete 等机构可以提供各类关于具体行业和企业的信息，你可以去图书馆查阅或通过订阅获取。

如果你想了解更多的资源，请参考下面的资料。

"Finding Information for Industry Analysis," by Jan W. Rivkin and Ann Cullen, Harvard Business Publishing, Note 708481, January 7, 2010.

成功一定要以压低成本为前提吗？

不一定。很多方法都可以使企业创造价值、提高竞争力。

历史上，迈克尔·波特曾经提出三种通用战略。一是控制生产成本；二是生产与众不同的产品，让人们为产品的独特性买单；三是专注于特定的细分市场，产品成本可高可低。实践中，企业战略往往是基于这三种战略的各种变体，许多成功的战略甚至基于几种战略的结合。通用战略这一概念十分重要，它迫使人们认真思考企业创造价值的方式，考虑创造价值过程中的取舍。

我发现，在我所接触到的高管中，很少有人认为自己的企业属于依靠价格竞争的低成本生产者。大部分人认为自己的优势在于与众不同，很多人甚至自动将自己的企业也归入此类。他们以与众不同而自居，也是这样描述自己的，有些人甚至可以找到证据作为支撑。还有相当一部分人可以勾画出迷人的图景，将企业与众不同的表现悉数列出。但他们都忽略了一点，那就是客户能否欣赏这些"独特"价值，是否愿意为之买单。为了达到这个目标，你先要拥有价值创造体系，使你能够生产和提供具有重要特色的产品或服务。这通常会导致成本增加，但你的企业和客户都能够从中获益。

很多成功的中小型企业会瞄准一小部分客户群体，而不是漫天撒网。这些企业会精心做出选择，精简经营范围。这使它们能够专注于特定客户的特定需求，并构建价值创造体系，出色地满足这些需求。这种做法可以使它们有别于其他企业，满足特定客户的特定需求，让客户感到满意。

很多企业都没有紧密联系的价值创造体系，但它们依然能够维持下去。那么，我为什么还要将其作为工作重点呢？

当竞争对手试图复制其他企业的成功时，精心构建价值创造体系的内在价值就凸显了。例如，只要拥有可口可乐的配方，就可以生产可口可乐，但无法复制的，是可口可乐公司的品牌知名度、供应链、分销渠道及定价体系。这些都指向企业在几十年间逐渐积累的资源和采取的措施。这些要素在同一个体系中相互联系、共同协作，让对手更加难以模仿、复制。

多年以前，一些美国投资者试图复制宜家的成功，创建了STØR（很明显，使用Ø这个字母就是为了体现斯堪的纳维亚"血统"）。STØR模仿了宜家的外观和产品，但这家企业取得了一些成就后就难以为继了。[1]

STØR和其他的模仿者都以失败而告终，因为它们只能从宜家复制零散的优势。如宜家的首席执行官安德斯·达尔维格（Anders Dahlvig）所说："很多竞争者试图模仿宜家的一两个方面。但当它们试图仿照宜家建立完整的体系时，便会遇到困难。低价策略可以复制，但还需要宜家的销量和遍布全球的供应链。斯堪的纳维亚风格的设计可以复制，但没有斯堪的纳维亚的文化传承，设计便如空中楼阁。平板包装可以复制，但还需要宜家的分销理念作为支撑。除此之外，它们可能还需要复制我们的内部优势，学习宜家店铺的分布和商品目录的设计。"[2]

成功源于令人信服的企业目标，而企业目标必须与各板块相辅相成的价值创造体系紧密相连。这样的成功，才是无法被复制的。

企业战略应当由我独自制定，还是应当通过团队合作共同制定？

你的团队肯定需要参与制定企业战略。但是许多领导者发现，先按照第六章列出的企业战略练习进行独立思考对于战略制定大有裨益。你会发现制定战略的过程并没有想象中的那样简单。这一练习可以助你走上战略制定的轨道，帮你找到企业面临的最大的挑战。在此之后，你就可以与团队成员进行讨论了。

团队合作时，人们通常会先试着写出战略陈述。这样做是可以的，但不要一开始就花太多的时间。一旦确定了企业战略，接下来就容易多了。制定企业战略时，首先要初步定义企业目标（此时不必过于咬文嚼字），然后逐步完善战略之轮。这是一个循环往复、不断推敲完善的过程。企业活动的每一个板块就位后，回头审视企业目标，然后回到战略之轮。当企业目标和所需的企业活动与资源逐渐明晰时，再回头审视战略陈述。到那时，你要通过战略陈述传递的信息便已清晰可见了。

整个过程预计要花多长时间？

历经两三个月，共计几次会议，便已足够。如果遗漏了信息，可以让人们找出相关问题，在下次会上讨论。重要的是保持势头，朝着最终结果迈进。很多企业都会陷入无休无止的"讨论、讨论、再讨论"。讨论本身不是坏事，但战略事关抉择，促成结果至关重要。

在战略制定过程中，需要听从多数声音吗？

团队的帮助十分重要，但作为企业领导者，你应当主导这一过程。听取他人的意见、观点和反馈十分重要，但如果清晰有力的方向没有自然形成，你就必须做出决断。不要试图通过委员会来制定企业战略。依靠共识产生的企业战略往往不够果敢。这种战略往往更像妥协的产物，而非宏大的愿景。

尽管如此，就像第八章提到的，你要始终铭记于心的是，计划的执行离不开各级管理人员与广大员工的承诺和支持。托马斯·萨波里托（Thomas Saporito）在他的管理著作中提到，很多首席执行官还没有赢得普遍认同时就一味向前，终至失败。他写道："首席执行官的战略可能完全正确，但是如果没有董事会、高管团队和员工的大力支持，他们的战略就什么也不是。"[3]

把战略陈述在企业网站上公布会不会有风险？

很多领导者都会问：竞争对手会不会由此了解我们的打算？

事实上，如果你的客户能够清楚地了解你的企业定位和业务范围，那么你的竞争对手很可能同样清楚。但就像宜家和可口可乐公司一样，如果你成为业内翘楚，对你们的模仿会遭遇很多壁垒。

战略之轮包括企业所有的具体活动和资源，是一份内部工作文档。但企业的定位和企业的特色却不应当成为秘密，反而应当大加宣传。企业之外的人和内部员工一样，都应该知道企业的贡献所在和价值所在。

企业战略应该每隔多久修改一次？

在相对稳定的环境中，巨变可能不会频繁发生，但你依然应该定期对企业战略进行正式修订，比如每隔一年左右。你也许会进行发展路线的微调，或是对一些要素进行调整。相比之下，在环境多变的时期，不论企业面临内部变化还是外部变化，你都应该进行更加灵活、更加频繁的战略调整，战略调整的幅度也可能会更大。但不论哪种情况，有价值的调整都应该是勇敢且彻底的，要对企业在市场上的表现和完善的机会进行公开讨论。

除了正式流程之外，企业的领导者（对企业的长期健康和活力负有最大责任的人）应该从战略的角度审视企业的一切活动：这些事件、活动、机会或威胁对企业意味着什么？对于企业的定位和意义，他人有何评价？我们应该如何回应？领导者不必列出计划、定时思考，而需要时刻保持警惕、时刻思考。

推荐阅读 | RECOMMENDED READING

想要了解更多这本书讨论的概念和案例吗？下面是一些推荐阅读，我给出了推荐理由。

行业分析

- *Competitive Strategy: Techniques for Analyzing Industries and Competitors*, by Michael E. Porter. 1980; reprint, New York: Free Press, 1998.

这是波特关于行业分析的经典著作。书中定义了五种影响行业环境的张力。在书中，波特谈论了如何分析你所处行业的这些张力，以及如何基于这些张力定位你的企业。

- "The Five Competitive Forces That Shape Strategy," by Michael E. Porter. *Harvard Business Review*, January 1, 2008.

这篇文章简短、直白地呈现了《竞争战略》(*Competitive Strategy*) 一书中的关键概念。如果你想先大体了解一下相关话题，这是一篇很好的入门文章。如果你想深入学习，可以再去阅读整本书。

企业战略

- "What is Strategy?" by Michael E. Porter. *Harvard Business Review*, November 1, 1996.

波特将战略描述为独特的定位，以及由此产生的一系列独特活动。制定战略需要个人做出权衡：选择做什么和不做什么。战略需要适用于企业的所有活动。在我的课堂上，高管学员认为这篇文章既具有启发性，又具有实操性。

- "Creating Competitive Advantage," by Pankaj Ghemawat and Jan W. Rivkin. Harvard Business School Note, 9-798-062, Harvard Business School Publishing, 2006.

这是一份为 MBA 学生写的课堂笔记，介绍了几个重要的战略框架，以及如何在实践中应用这些框架。高管学员认为笔记中大量的为企业赋值和相对成本分析方面的案例尤其有用。

- *Co-opetition*, by Adam Brandenburger and Barry Nalebuff. New York: Currency/Doubleday, 1996.

本书展示了博弈论如何帮助战略家思考企业在市场中的活动。本书认为竞争不是零和游戏（即一家企业的收益是另一家企业的损失），提出了关于竞争的"合作"转向（即企业通过与客户、供应商和其他企业合作而不是与它们对抗来创造更多的价值）。这是一个重要的观点，可以改变你对战略目标和战略意图的思考方式。

- *Blue Ocean Strategy: How to Create Uncontested Market Space and Make Competition Irrelevant*, by W. Chan Kim and Renée Mauborgne. Boston: Harvard Business School Publishing, 2005.

与众不同是良好战略的显著特征之一。但是，如何实现这一点，尤其是如何让企业在一众目标中找到自己的核心特点，是一个挑战。金伟灿和莫博涅就这一重要问题做出了重要论述。

- *Creating Competitive Advantage: Creating and Sustaining Superior Performance*, by Michael E. Porter. 1985; reprint, New York: Free Press, 1998.

这本书和《竞争战略》是一个系列的，关注行业层面的分析（可参考前面的介绍）。在本书中，波特专注于个体企业，论述了如何创造竞争优势。这本书读起来不是那么容易，但对于那些想深入研究竞争战略的人来说，这本书可提供宝贵的见解。

管理和领导力

- *Good to Great, Why Some Companies Make the Leap … and Others Don't*, by Jim Collins. New York: HarperCollins, 2001.

我经常在课堂上做统计调查，询问学员他们最喜欢的商业图书是哪些。本书常占据榜首。我问他们，为何这本书对他们来说如此特别，他们告诉我，他们喜欢柯林斯在"有策略地做正确的事"和"让正确的人做正确的事"之间找到的平衡。我同意他们的观点。

- *Leadership Is an Art*, by Max De Pree. New York: Currency/Doubleday, 2004.

马克斯·德·普雷充满信心并睿智地描述了如何领导一家企业，着重阐述了如何激励、启发员工完成企业使命。

发现宝贵的企业资源

- "Competing on Resources," by David J. Collis and Cynthia A. Montgomery. *Harvard Business Review*, July 1, 2008 (originally published in July–August 1995).

当高管学员试图定义他们企业的核心竞争力时，他们经常会列出很长的没有重点的"流水账"。这篇文章讨论了有价值资源的特征，以及为何拥有这些资源对战略制定很重要。

- *Chasing Stars: The Myth of Talent and the Portability of Performance*, by Boris Groysberg. Princeton, NJ: Princeton University Press, 2010.

任何试图愉快地回答"人是我们企业最宝贵的资源"的高管都应该读这本书。本书的研究充分肯定了个体贡献的重要性，还说明了为什么人必须被视为更大的企业系统的一部分，而不应该将人与系统割裂。

应对技术变革

- " Meeting the Challenge of Disruptive Change, " by Clayton M.
  Christensen and Michael Overdorf. *Harvard Business Review*,
  March 1, 2000.

克里斯坦森对颠覆性技术的研究是过去 25 年最有影响力的管理研究之一。这篇文章很好地介绍了他的研究，并参考了他的其他著作。

宜家

- *Leading by Design—The IKEA Story*, by Bertil Torekull. New
  York: HarperBusiness, 1998.

这本书是关于宜家的创始人坎普拉德本人、宜家的创立以及企业背后的哲学的权威传记。这本书是从瑞典语原文粗略翻译过来的，虽然不太客观，但细致地探究了宜家创始人（很多内容是以创始人自己的视角呈现的）。本书还细致描述了企业目标在宜家的创立过程中起到的作用。书中呈现了一份文件，《家具商的自白》，这份文件详细列出了宜家的指导原则。

古驰

- *The House of Gucci: A Sensational Story of Murder, Madness,
  Glamour, and Greed*, by Sara Gay Forden. New York: Perennial, 2001.

这本书记载了关于家族企业和家族传奇的故事。传奇色彩太重，以至于看上去像虚构的。除了娱乐价值外，这本书展示了一家企业在几代人的手里偏离正轨是多么容易，并解释了为何家族动态会给企业管理带来挑战。

苹果公司

- *Return to the Little Kingdom: Steve Jobs, the Creation of Apple, and How It Changed the World*, by Michael Moritz. New York: Overlook Press, 2009.

有很多关于苹果公司的好书，涵盖了该公司的各个产品时期和发展阶段。我之所以喜欢这本书，是因为作者以一种不戴有色眼镜的眼光审视了苹果公司的早期状况：它真正的样子是什么？什么在起作用，什么不起作用？这本书像苹果公司进入最近发展阶段前的"序言"（作者莫里茨写成的关于苹果公司的初版书稿，《小王国》（*The Little Kingdom*），发表于 1984 年）。处于起步阶段的企业主在这本书中可以看到在创业之初，苹果公司是多么弱小，这一点能鼓舞他们。

- 2005 年 6 月 14 日乔布斯在斯坦福大学毕业典礼上的致辞。

这份致辞的标题为《死前该怎样生活》。乔布斯在致辞中讲述了他人生中的重要时刻。很少有致辞比这份更加鼓舞人心。

致谢 | ACKNOWLEDGMENTS

在我笔耕此书时，《哈克贝利·费恩历险记》[⊖]篇尾的一句话常常浮现于我的脑海："早知道写书如此费劲，我起初就不会尝试。"然而在此书即将完成之际，回顾整个写作历程，我心中却更多是感动，因大家的通力合作而感动，亦因由此书结识的益友而感动。

在此，我要感谢哈佛商学院研究中心的经济资助，也要感谢《哈佛商业评论》允许我在书中引用我曾在该刊发表的文章。能够与哈佛商学院高管教育项目的 Lynda Applegate、Jackie Baugher、Kathleen Mara，摩根讲堂的 Cathyjean Gustafson，师资培育项目的 Imelda Dundas，以及贝克图书馆的 Chris Allen 等同事合作，我深感荣幸。在此书的构思阶段，我与 Sharon Johnson 和 David Kiron 曾反复讨论，从中受益良多。

我所教授的管理教育课程主要基于同事 David Yoffie 所做的关于古驰和苹果公司的案例研究，书中有两个章节也是在此基础上撰写的。总而言之，哈佛商学院的研究人员，特别是战略研究小组的成员，极大地影响了我的世界观和教学内容。

⊖ 马克·吐温的代表作，也是美国文学史上一部影响深远的作品。——译者注

在写作过程中，一个新的团队逐渐形成。Jim Levine 让我看到，优秀的出版经纪人可以通过各种方式创造价值；哈珀·柯林斯出版集团负责与我沟通的编辑 Hollis Heimbouch 为我提供了可靠的判断；Charles Burke 文采斐然，帮助我润色手稿；Karen Blumenthal、Kent Lineback、Susanna Margolis 与 Lisa Baker，他们也为提纲和手稿的撰写提供了许多帮助。

有机会与来自世界各地的企业主和领导者合作，我感到万分荣幸，是他们激发了创作灵感，让我看到他们作为战略家给企业带来的积极影响。感谢他们分享的故事，也感谢他们对我的鼓励，让我得以分享自己的故事。

感谢我的丈夫比格尔，在我需要时，总能提供帮助。

后记 | POSTSCRIPT

本书中的案例和故事主要源于我在哈佛商学院教授综合高管课程项目的 5 年教学经验。在这本书中,我将这个项目称为 EOP。这并非真实的项目名称,若想了解更多关于各类管理课程的信息,请访问哈佛商学院官方网站。

在某些案例中,为了保护学员隐私,我对企业所在地、企业细节信息和个人信息进行了部分修改。书中提及的企业名称、个人姓名及讨论涉及的相关细节,已经征得了当事方的许可。

部分案例在课堂上的实际呈现方式可能与书中描写的略有不同。在阐释某些要点时,课堂上使用的案例可能与书中所用案例略有不同。

导论

1. This line of thinking was inspired by a discussion in *Co-opetition* by A.M. Brandenburger and B.J. Nalebuff (New York: Doubleday, 1996, p.47).

2. This book grew out of an article, "Putting Leadership Back into Strategy," that was published in the Centennial Anniversary issue of the *Harvard Business Review*, January 1, 2008. I gratefully acknowledge the *Review*'s permission to include much of that work here.

第一章　企业战略与领导力

1. Ronald A. Heifetz and Marty Linsky, *Leadership on the Line* (Boston: Harvard Business School Press, 2002), pp. 53-54.

第二章　你是战略家吗

1. This discussion draws from Michael E. Porter, Cynthia A. Montgomery, and Charles W. Moorman, "The Household Furniture Industry in 1986," "Masco Corp (A)," and "Masco Corp (B)," Harvard Business Publishing, Boston, 1989.

2. Besides faucets, Masco made plumbing fittings, bathtubs and whirlpools, builders' hardware, venting and ventilating equipment, insulation products, water pumps, weight-distributing hitches, winches, office furniture, brass giftware, and plasticware.

3. Porter, Montgomery, and Moorman, "The Household Furniture Industry in 1986," pp. 1, 5-6.

4. *Wall Street Transcript,* August 24, 1987.

5. Masco Annual Report, 2001.

6. Joseph Serwach, "Masco COO Follows Unit," *Crain's Detroit Business*, May 27, 1996, p. 3.

第三章　超级领导者的神话

1. Richard Farson, *Management of the Absurd* (New York: Free Press, 1997), p. 15.

2. Jennifer Reingold, "The Masco Fiasco—The Masco Corp. Was Once One of America's Most Admired Companies; Not Anymore," *Financial World*, October 24, 1995.

3. "Mengel Company (A)," Harvard Business School, 1946.

4. Michael E. Porter, "Understanding Industry Structure," Harvard Business School course note N9-707-493, August 13, 2007.

5. This discussion of industry forces draws heavily on the seminal work of Michael E. Porter, including *Competitive Strategy* (New York: Free Press, 1998) and "The Five Competitive Forces That Shape Strategy," *Harvard Business Review*, January 1, 2008.

6. 大样本研究发现，就整体经济而言，行业因素对企业盈利能力方差的影响为 10% ~ 19%。在制造行业中，行业因素的影响通常为 10% 左右，在其他一些行业中，行业因素的影响要大得多。在批发与零售以及住宿、娱乐和服务行业中，行业因素对企业盈利能力方差的影响超过 40%。在农业、采矿和运输行业中，行业因素对企业盈利能力方差的影响分别为 39.50% 和 29.35%。See A. M. McGahan and M. E. Porter, "How Much Does Industry Matter, Really?" *Strategic Management Journal*, Summer 1977, pp. 15-30.

7. This framework is due to Porter. See above.

8. Jack Welch, interviewed by Christopher Bartlett on December 16, 1999, Harvard Business School Media Services, Tape No. 10095.

9. Warren Buffett, Brainy Quote.com, accessed August 15, 2011.

10. W. Chan Kim and Renée Mauborgne, *Blue Ocean Strategy: How to Create Uncontested Market Space and Make the Competition Irrelevant* (Boston: Harvard Business School Publishing, 2005).

11. Reingold, "The Masco Fiasco."

第四章　从企业目标开始

1. "IKEA : How the Swedish Retailer Became a Global Cult Brand," *BusinessWeek*, November 14, 2005.

2. Bertil Torekull, *Leading by Design: The IKEA Story* (New York: HarperBusiness, 1999), p. 10. The book was originally published in Sweden as *Historien om IKEA* (The Story of IKEA) in 1998.

3. Torekull, *Leading by Design,* p. 10.

4. Torekull, *Leading by Design*, p. 24.

5. Ibid., pp. 148-49.

6. Robert McKee, *Story* (New York: HarperCollins, 1997), pp. 181-207.

7. Torekull, *Leading by Design*, p. 50.

8. I KEA 2010 Annual Report.

9. Lewis, *Great IKEA!*, p. 39.

10. Ingvar Kamprad, "A Furniture Dealer's Testament," quoted in Torekull, *Leading by Design*, p. 228.

11. Ibid., pp. 228, 231.

12. Michael Porter makes a strong argument about the value of trade-offs in strategy. See "What Is Strategy?" *Harvard Business Review*, November 1, 1996 (also available as HBR Reprint 96608).

13. These estimates are for 2004-2009 and come from "IKEA : Flat-pack Accounting," *The Economist*, May 13, 2006 (estimates net profit margin of nearly an 11 percent return for 2004); Kerry Capell, "IKEA : How the Swedish Retailer Became a Global Cult Brand," *BusinessWeek*, November 14, 2005 (estimates net profit margin of 9.6 percent for 2005, described by an analyst as "among the best in home furnishings"; "Ikea Forecasts 'Flat' Profits for 2010," *Local*, Swedish edition, February 22, 2010 (estimates net profit margin of 22.9 percent for 2009).

14. Rodd Wagner and James K. Harter, *The Elements of Great Managing* (Washington, DC: Gallup Press, 2006), p. 117.

15. IKEA Vision Statement, quoted in Youngme Moon, "IKEA Invades America," Harvard Business School Publishing, September 14, 2004, p. 5.

16. These added-value charts were developed by the strategy teaching group at Harvard Business School and are based on the pioneering work of Adam Brandenburger, Barry Nalebuff, and Harborne Stuart. See A. M. Brandenburger and H. W. Stuart, "Value-Based Business Strategy," *Journal of Economics and Management Strategy* 5 (1996), pp. 5-24. Based on a suggestion by Adam Brandenburger, and to create a parallel with the line labeled "Willingness to Pay," I label the bottommost line on the chart "Willingness to Supply" (not "Opportunity Cost," as in the Brandenburger and Stuart article). These ideas are also developed in A. M. Brandenburger and B. J. Nalebuff, *Co-opetition* (New York: Doubleday, 1996).

17. Ibid.

18. Moon, "IKEA Invades America."

19. Pankaj Ghemawat and Jan W. Rivkin, "Creating Competitive Advantage," Harvard Business School course note 798-062, February 25, 2006, p. 7.

20. This wonderful question arises from a discussion in Brandenburger and Nalebuff, *Co-opetition*, p. 47ff, where they discuss, among other things, the classic movie *It's a Wonderful Life* and ask "What is your added value?"

第五章　把目标变为现实

1. I was first introduced to the Gucci story through David Yoffie's case on the company: "Gucci Group N.V. (A)," Harvard Business Publishing, Boston, May 10, 2001. He has since written a second case on the company, "Gucci Group in 2009," January 14, 2009.

2. Sara Gay Forden, *The House of Gucci* (New York: Perennial, 2001), p. 251.

3. 这种以时间为序展示古驰发展历程的想法，源自 David Yoffie 为古驰案例所设计的原始教学计划。

4. 在 *What Is Strategy*（Harvard Business Review, November-December 1996, p. 62）中，波特引入了"生产力边界"这一概念，以确定行业中表现最佳的企业。企业在生产力边界图上的位置揭示了其在行业中的处境——如果一家企业偏离了边界，则意味着其成本过高，或者相对于行业中的其他竞争者来说，其价值竞争的表现力不足。本章的图表绘制受到了波特的启发，但对内涵进行了修改。

5. Forden, *The House of Gucci*, p. 119.

6. Luisa Zargani, "True Confessions," *Women's Wear Daily*, June 5, 2006, p. 30.

7. Forden, *The House of Gucci*, p. 63.

8. Ibid., p. 110.

9. Ibid., p. 155.

10. As quoted in David Yoffie, "Gucci Group N.V. (A)," Harvard Business Publishing, January 14, 2009, p. 3.

11. Forden, *The House of Gucci*, p. 142.

12. Yoffie, "Gucci Group N.V. (A)," p. 7.

13. Forden, *The House of Gucci*, p. 167.

14. It was soon the end of Maurizio, too. A year and a half later he was murdered by a hit man hired by his ex-wife.

15. Author's interview with De Sole, August 10, 2010.

16. Ibid.

17. Ibid.

18. Yoffie, "Gucci Group N.V. (A)," p. 9.

19. Ibid.

20. Forden, *The House of Gucci*, p. 255.

21. Ibid., p. 259.

22. Gucci.com, under Gucci history, 1990s.

23. Credit Suisse First Boston Equity Research, "Gucci Group N.V.," March 9, 2001, p. 3.

24. Lauren Goldstein, "Style Wars," *Time*, April 9, 2001.

25. Amy Barrett, "Fashion Model: Gucci Revival Sets Standard in Managing Trend-Heavy Sector: Italian House Buffs Brand by Focusing on Quality, Exclusivity and Image—Hidden Costs of Cachet?" *Wall Street Journal Europe*, August 25, 1997.

26. Forden, *The House of Gucci*, p. 185.

27. Ibid., p. 142.

28. Author's interview with De Sole, August 10, 2010.

29. Credit Suisse, "Gucci Group N.V.," p. 14.

30. Author's interview with De Sole, August 10, 2010.

31. Credit Suisse, "Gucci Group N.V.," p. 10.

32. Author's interview with De Sole, August 10, 2010.

33. Ibid.

34. Yoffie, "Gucci Group N.V. (A)," p. 8.

35. Author's interview with De Sole, August 10, 2010.

36. Porter, "What Is Strategy?"

37. Author's interview with De Sole, August 10, 2010.

38. Forden, *The House of Gucci*, pp. 322-24.

39. *Wall Street Journal*, March 6, 2003.

40. Author's interview with De Sole, August 10, 2010.

41. "The Turnaround Champ of Haute Couture," *Fortune*, November 12, 1997, pp. 305-6.

42. Porter makes this point persuasively in "What Is Strategy?"

第六章　制定你的战略

1. The strategy exercise described here, in particular the section on developing a strategy

statement, owes a great tribute to the work of my late colleague Michael G. Rukstad. A posthumous article describing that work, David G. Collis and Michael G. Rukstad's "Can You Say What Your Strategy Is?" was published in the *Harvard Business Review,* April 1, 2008. Michael and I worked together on the first iteration of the strategy exercise in EOP.

2. James Champy, "Three Ways to Define and Implement a Corporate Strategy," July 13, 2006, column accessed via Searchcio.com, August 31, 2011.

3. Elzinga, Kenneth G. and David E. Mills, "Leegin and Precompetitive Resale Price Maintenance," *The Antitrust Bulletin* Volume 55, no. 2, summer 2010.

4. Ibid. *See also:* Stephen Labaton, "Century-Old Ban Lifted on Minimum Retail Pricing," *New York Times*, June 20, 2007.

第七章　保持活力

1. 这些年，David Yoffie 开发了一系列优秀的苹果公司案例，使学员能够审视苹果公司及其所处行业在不同时间点上的情况，例如，"Apple Inc in 2010""Apple Computer, 2006" "Apple Computer in 2002""Apple Computer 1995" 以及 "Reshaping Apple's Destiny-1992"（Harvard Business Publishing）。

2. Michael Moritz, *Return to the Little Kingdom* (New York: Overlook Press, 2009), p. 183. In 1984 Moritz published his original history of Apple, *The Little Kingdom*.

3. Alan Deutschman, *The Second Coming of Steve Jobs* (New York: Broadway Books, 2000), p. 54.

4. Moritz, *Return to the Little Kingdom*, p.194.

5. Ibid., pp. 217-18

6. Ibid., p. 242.

7. Ibid., p. 257.

8. Ibid., p, 276.

9. Ibid., p. 206.

10. Ibid., p. 268.

11. Ibid., p. 304.

12. Jeffrey S. Young and William L. Simon, *iCon* (Hoboken, NJ: Wiley, 2005), p. 80.

13. Owen W. Linzmayer, *Apple Confidential 2.0* (San Francisco: No Starch Press, 2008), pp. 77-78.

14. Lee Butcher, *Accidental Millionaire: The Rise and Fall of Steve Jobs at Apple Computer* (New York: Knightsbridge, 1990), p. 174.

15. Young and Simon, *iCon*, p. 70.

16. Linzmayer, *Apple Confidential 2.0*, p. 154.

17. Moritz, *Return to the Little Kingdom*, p. 332.

18. Linzmayer, *Apple Confidential 2.0*, p. 157.

19. Ibid., p. 158.

20. Linzmayer, *Apple Confidential 2.0*, p. 161.

21. Yoffie, "Apple Computer, 2006," p. 4.

22. Brent Schlender, "Something's Rotten in Cupertino," *Fortune*, March 3, 1997, p. 100.

23. Linzmayer, *Apple Confidential 2.0*, pp. 263-69.

24. Joseph A. Schumpeter, *Capitalism, Socialism and Democracy* (1943; reprinted, Taylor & Francis e-library, 2003), p. 84.

25. Bear Stearns, "Computer Hardware," Equity Research, July 2002.

26. Peter Rojas, "Why IBM Sold Its PC Business to Lenovo," *Engadget*, January 1, 2005.

27. Moritz, *Return to the Little Kingdom*, p. 299.

28. Ibid.

29. Quoted in Linzmayer, *Apple Confidential 2.0*, p. 247.

30. Ibid.

31. Deutschman, *The Second Coming of Steve Jobs*, pp. 54-55.

32. Linzmayer, *Apple Confidential 2.0*, p. 210.

33. Moritz, *Return to the Little Kingdom*, p. 14.

34. Quoted in Deutschman, *The Second Coming of Steve Jobs*, p. 183.

35. Quoted in Linzmayer, *Apple Confidential 2.0*, p. 212.

36. Adam Lashinsky, "The Decade of Steve," *Fortune*, November 23, 2009, p. 95.

37. Quoted in Linzmayer, *Apple Confidential 2.0*, p. 292.

38. Quoted in ibid., p. 289 (originally appeared in *Fortune,* February 19, 1996).

39. Quoted in ibid., p. 176.

40. Lashinsky, "The Decade of Steve," p. 95.

41. Deutschman, *The Second Coming of Steve Jobs*, p. 249.

42. Linzmayer, *Apple Confidential 2.0*, pp. 295-98.

43. Leander Kahney, *Inside Steve's Brain* (New York: Portfolio, 2008), pp. 185-88.

44. Quoted in Steven Levy, *The Perfect Thing* (New York: Simon & Schuster, 2007), p. 51.

45. Quoted in Lashinsky, "The Decade of Steve," p. 96. Original in *Time* magazine in early 2002.

46. "Ship of Theseus," *Wikipedia,* accessed August 19, 2011.

47. Levy, *The Perfect Thing*, pp. 73-74.

48. Ibid., p. 3.

49. Apple 10-K, filed October 27, 2010, p. 81.

50. Jared Newman, "Apple iCloud: What It Is, and What It Costs," Today at PC World blog, posted August 2, 2011.

51. NPD Group Inc., "Windows Phone 7 Off to a Slow Start in Fourth Quarter, as Android Smartphone Market-S hare Lead Increases," press release, January 31, 2011.

第八章　不可或缺的战略家

1. Heike Bruch and Sumantra Ghoshal, *A Bias for Action: How Effective Managers Harness Their Willpower, Achieve Results, and Stop Wasting Time* (Boston: Harvard Business School Press, 2004).

2. Stephen R. Covey, *The Seven Habits of Highly Effective People,* New York: Fireside/Simon & Schuster, 1989.

3. Richard Swedberg, "Rebuilding Schumpeter's Theory of Entrepreneurship," Cornell University, March 6, 2007, p. 7.

4. Schumpeter, 1911, as quoted in ibid., p. 7.

5. Swedberg, "Rebuilding Schumpeter's Theory of Entrepreneurship," p. 8. These are Swedberg's words explaining and summarizing what Schumpeter had written.

6. Seymour Tilles, "How to Evaluate Corporate Strategy," *Harvard Business Review*, July-August, 1963.

7. Jean-Paul Sartre, "Existentialism and Humanism," *Basic Writings*, edited by Stephen Priest (Florence, KY: Routledge, 2001), p. 42.

8. Ibid., p. 29.

9. Helmuth von Moltke, quoted in *Clausewitz on Strategy: Inspiration and Insight from a Master Strategist*, edited by Tiha von Ghyczy et al. (New York: Wiley, 2001), p. 55.

10. Martha C. Nussbaum, *The Fragility of Goodness: Luck and Ethics in Greek Tragedy and Philosophy* (Cambridge: Cambridge University Press, 2001), p. 59.

11. Ibid., p. 80.

12. Max De Pree, *Leadership Is an Art* (New York: Currency/Doubleday, 2004), p. 100.

13. Thomas J. Saporito, "Every CEO Needs an Executive Listener," Forbes Leadership Forum,

July 21, 2011.

14. De Pree, *Leadership Is an Art*, p. 102.

15. De Pree, *Leadership Is an Art,* p. 18.

16. 在 C. Roland Christensen、Kenneth R. Andrews 和 Joseph L. Bower 编写的综合管理教材 *Business Policy: Text and Cases* (Homewood, IL: R. D. Irwin, 1973, pp. 16-18) 中，他们将首席执行官的角色之一描述为"组织目标的建筑师"。我更喜欢使用"组织目标的守护者"这个描述，因为它不仅指向制定和实施，还指向更为持续的责任。

17. This is reminiscent of the advice Rainer Maria Rilke gives in his classic *Letters to a Young Poet.*

18. Robert Nozick, "The Experience Machine," in *Anarchy, State, and Utopia* (New York: Basic Books, 1974), pp. 42-45.

19. Ibid.

20. David Baggett and Shawn Klein, *Harry Potter and Philosophy: If Aristotle Ran Hogwarts* (Chicago: Open Court, 2004), chapter 7, "The Experience Machine: To Plug In or Not to Plug In." This essay talks about an authentic life as one that is actively lived.

21. See final endnote in Chapter 4. The first question here—about what the world would be like without your business—is from Brandenburger and Nalebuff's book, *Co-opetition.*

常见问题

1. 宜家对 STØR 这种蓄意模仿其外观和产品的行为非常愤怒，因此对 STØR 提起了诉讼，迫使该公司改变了一些业务。随着时间的推移，STØR 无法盈利，后向宜家寻求帮助。宜家于 1992 年收购了该公司。

2. Christopher Brown-Humes, "An Empire Built on a Flat-Pack," *FT.com*, November 23, 2003, p. 1.

3. Saporito, Ibid., "Every CEO Needs an Executive Listener."

推荐阅读

廖建文、罗振宇、刘俏、陈威如、陈明哲、陈春花等数十位企业家和教授鼎力推荐！

共演战略：重新定义企业生命周期

作者：路江涌 ISBN：978-7-111-59461-1 定价：99.00元

混沌时代，从创业到卓越的共同演化之路

"光华思想力"重磅作品，集国内外创业创新和战略管理思想之大成之作，光华管理学院MBA、EMBA、DBA、高管培训课程的浓缩精华，北京大学光华管理学院组织与战略管理系教授最新力作。

启发创业者和企业家，应对复杂环境中的不确定性和不连续性，找到创业的切入点，成长的突破点，扩张的发力点和转型的跨越点。

边读边听

"得到"App"每天听本书"为你准备了管理经典著作《创新与企业家精神》的听书产品，按照下列步骤即可免费领取并收听：

扫描二维码，下载"得到"App，点击右下角"我的"–"我的账户"–"卡券中心"，输入"创新管理经典"，即可免费领取。领取后在"已购"中下拉刷新即可查看。

欧洲管理经典 全套精装

欧洲最有影响的管理大师
（奥）弗雷德蒙德·马利克 著

超越极限

如何通过正确的管理方式和良好的自我管理超越
个人极限，敢于去尝试一些看似不可能完成的事。

转变：应对复杂新世界的思维方式

在这个巨变的时代，不学会转变，错将是你的常态，
这个世界将会残酷惩罚不转变的人。

管理：技艺之精髓

帮助管理者和普通员工更加专业、更有成效地完成
其职业生涯中各种极具挑战性的任务。

公司策略与公司治理：如何进行自我管理

公司治理的工具箱，
帮助企业创建自我管理的良好生态系统。

管理成就生活（原书第2版）

写给那些希望做好管理的人、希望过上高品质的生活
的人。不管处在什么职位，人人都要讲管理，
出效率，过好生活。

战略：应对复杂新世界的导航仪

制定和实施战略的系统工具，
有效帮助组织明确发展方向。

正确的公司治理:发挥公司监事会的效率应对复杂情况

基于30年的实践与研究，指导企业避免短期行为，
打造后劲十足的健康企业。

明茨伯格管理经典

Thinker 50终身成就奖获得者，当今世界杰出的管理思想家

写给管理者的睡前故事

图文并茂，一本书总览明茨伯格管理精要

拯救医疗

如何根治医疗服务体系的病，指出当今世界医疗领域流行的9大错误观点，提出改造医疗体系的指导性建议

管理进行时

继德鲁克之后最伟大的管理大师，明茨伯格历经30年对成名作《管理工作的本质》的重新思考

管理至简

专为陷入繁忙境地的管理者提供的有效管理方法

战略过程：概念、情境与案例（原书第5版）

殿堂级管理大师、当今世界优秀的战略思想家明茨伯格战略理论代表作，历经4次修订全新出版

管理者而非MBA

管理者的正确修炼之路，管理大师明茨伯格对MBA的反思
告诉你成为一个合格的管理者，该怎么修炼

战略历程（原书第2版）

管理大师明茨伯格经典著作全新再版，实践战略理论的综合性指南

明茨伯格论管理

明茨伯格深入企业内部，观察其真实的运作状况，以犀利的笔锋挑战传统管理学说，全方位地展现了在组织的战略、结构、权力和政治等方面的智慧

管理和你想的不一样

管理大师明茨伯格剥去科学的外衣，挑战固有的管理观，为你揭示管理的真面目

战略过程：概念、情境与案例（英文版·原书第5版）

明茨伯格提出的理论架构，是把战略过程看作制定与执行相互交织的过程，在这里，政治因素、组织文化、管理风格都对某个战略决策起到决定或限制的作用